어린이교육의 기본 바로 알기 시리즈 7

유·초 연계교육 바로 알기

최일선 · 조운주 · 안애경 · 유은지

대한어린이교육협회 창지사

머리말

해마다 2월이 되면 유아교육현장의 교사들은 유아교육기관을 졸업하고 초등학교에 입학하는 소중한 유아들이 새로운 학교에서 유능하게 잘 생활해 나가기를 기대합니다. 그러나 간혹 유아들이 초등학교 입학 후 적응과정에서 스트레스로 인해 상당한 긴장과 불안감을 경험한다는 이야기를 접할 때마다 안타까움을 느낍니다.

유아교육기관에서 교육이 효과적으로 이루어진다 하더라도 이후 초등학교에서의 교육과 연속성이 없다면 교육적인 성과를 기대하기에는 한계가 있습니다. 유아들이 초등학교에 원만하게 적응하기 위해서는 유아교육기관에서부터 지속적이고 체계적인 연계교육이 이루어져야 합니다. 바람직한 유 · 초 연계교육은 유아교육기관과 초등학교의 교육이 불필요한 중복이나 단절 없이 유아의 성장과 발달에 적합한 방향으로 조화롭게 효과적으로 이루어지는 교육을 의미합니다.

유 · 초 연계교육의 중요성에도 불구하고 현장의 교사들은 행 · 재정적인 문제, 제도적 문제, 교육과정의 이해부족, 교육환경과 교수방법의 차이 및 사회적 인식부족 등으로 인해 유 · 초 연계교육을 실천하는 데 많은 어려움을 겪고 있는 것으로 알고 있습니다. 그러나 유아들의 행복한 삶을 위해서 유아교육기관에서 교육적인 경험을 제공하는 것 못지않게 초등학교로의 원만한 적응을 돕는 것도 유아교사들의 중요한 과제라 생각됩니다.

유아들의 지속적인 성장과 발달을 지원하는 유 · 초 연계교육을 하기 위해서 교사는 유 · 초 연계교육에 대한 이해를 바탕으로 체계적인 계획을 수립하고 실천하는 것이 필요합니다. 교사가 가지고 있는 유 · 초 연계교육에 대한 지식과 이해수준은 현장에서 실제로 유 · 초 연계교육을 운영하는 데 있어 중요한 출발점이 될 뿐 아니라 교육실천에 있어 기초가 됩니다.

이 책에서는 유 · 초 연계교육에 대한 이론적인 탐색과 더불어 실천할 수 있는 방안을 다루고자 하였습니다. 이에 유 · 초 연계교육의 개념 및 중요성, 초등학교 교육과정에 대한 이해를 위한 내용과 유 · 초 연계교육을 위한 교사의 실천노력, 실제적인 유 · 초 연계교육의 대상인 유아들을 위한 활동 및 교육의 파트너인 부모를 위한 연계교육활동 등을 수록하였습니다.

이 책의 저자들은 유아교육현장에서 어떻게 하면 좀 더 바람직한 유 · 초 연계교육이 이루어질 수 있을까 하는 고민을 갖고 시작하였습니다. 시작하면서 느꼈던 고민과 책임감의 무게를 충분히 담아내지 못한 아쉬움이 남지만 이 책이 교육현장에서 유 · 초 연계교육을 실천하는 데 있어 교사들에게 도움이 되기를 희망합니다.

2016년 8월

저자 일동

유 · 초 연계교육
바로 알기

차 례

Ⅰ. 유·초 연계교육의 이해

1. 유·초 연계교육의 개념 및 필요성

교육은 삶 그 자체일 뿐 아니라 인간의 전생애의 발달에 중요한 영향을 미친다. 교육이 이루어지는 전체 과정에서 다양한 단계를 거치게 되는데 각 단계의 교육이 독립적이기보다는 상호 유기적인 연계성을 확보할 때 보다 높은 교육적인 효과를 기대할 수 있다.

최근 연구를 보면, 우리나라 초등학교 1학년 어린이들 상당수가 입학 후 교사 및 또래와의 관계, 물리적 환경, 교실 분위기, 규칙적인 생활, 학습 등에서 스트레스를 경험하는 것으로 나타났다(김정효, 박효정, 2005; 이노을, 2006). 또한 적응과정에서 아동들의 두통 발생률이 증가하는 것으로 나타났다(노정아, 2004). 그 근본적인 이유는 유아교육과 초등교육이 조화로운 연계를 이루지 못하고 있는 데에서 찾아볼 수가 있다(곽노의, 김창복, 이경순, 2009). 유아교육기관을 졸업한 아동들은 초등학교에 입학하게 되면서 교육기관 사이의 큰 변화를 느끼고, 생활에서의 단절감을 경험할 수 있다. 따라서 초등학교 입학 후 아동들이 경험하는 문제점을 해소하기 위해서는 유아교육에서 초등교육으로 적절한 연계성이 필요하다.

교육에서의 연계성(Continuity)은 학습자의 계속적인 성장과 발달에 도움을 주기 위하여 한 부분과 다른 부분의 적절한 관계를 유지하는 것을 의미한다. 구체적으로 연계성이란 학년 또는 학교 수준 사이의 교육 내용이 적절하게 관련된다는 것을 말하는 것으로, 교육내용들이 서로 의미 있게 구분된다는 것과 그 사이의 관련이 원활하다는 것을 동시에 나타내는 말이다(한국유아교육학회, 1996).

유아교육과 초등교육에서의 연계성은 아동의 지속적인 성장과 발달을 위해 유아교육기관과 초등학교 간의 교육과정, 교육제도, 교육행정체제, 교육환경 및 교육풍토 등이 적절하게 연관을 맺는 것이다. 특히 교육과정 운영 및 교육의 실제에 있어서 유아교육기관과 초등학교 저학년 간에 계속성과 계열성을 갖는 것을 의미한다(곽노의 외, 2012).

유아교육과 초등교육의 연계성이 필요하다는 것에 대해서 이미 여러 학자들(김창복, 2006; 나정, 장명림, 1997; 박은혜, 2006; 조운주, 김은영, 2009; 최일선, 2014; Morrison, 2003)이 제안하였다. 학자들이 제시한 유 · 초 연계교육의 필요성과 효과를 살펴보면, 첫째, 발달심리학적 측면에서 유아기 연령의 어린이와 초등학교 저학년 어린이들이 신체, 사회, 정서, 인지의 전반적인 측면에서 유사한 경향이 있다는 점이다. 따라서 유아교육기관과 초등학교 저학년의 교육과정, 교수 · 학습지도, 학습 환경 측면 등 여러 측면에서 연계가 필요하다. 둘째, 교육의 효과 측면으로, 인간의 학습은 연속선상에 있으므로 교육내용이 계속성과 계열성을 유지할 때, 교육의 효율성을 극대화할 수 있다. 즉, 교육기관 간의 적절한 연계는 교육과정 측면에서 비효율적인 교육과정의 중복 운영을 줄이고, 학습 효과를 증진시킬 수 있다. 셋째, 학습자의 측면에서 교육기관의 변화로 인해 연속성이 단절된 경험은 학교생활 부적응을 초래하여 학습자의 정상적인 발달에 장애가 되며, 교육적 성취를 저해하는 요인이 된다.

유아교육과 초등교육이 잘 연계될 때 다음과 같은 효과를 기대할 수 있다(이경순, 2011). 첫째, 아동의 초등학교 적응력 향상과 전인적 발달에 도움을 줄 수 있다. 둘째, 상호교육에 대한 이해로 교원의 전문성이 향상될 수 있다. 셋째, 유아교육의 공교육화가 실질적으로 이루어질 수 있다. 넷째, 유아의 발달수준에 맞추어 체계적이고 지속적인 개별화 교육이 가능하다. 다섯째, 유아교육기관에서 초등학교로의 전이에 따른 학부모의 염려와 불안이 해소된다. 여섯째, 유아교육기관과 초등학교 1학년 교실환경 구성 및 아동 발달에 적합한 활동 중심 교육의 실천 가능성이 높아진다. 일곱째, 누리과정과 초등학교 교육과정이 연계되어 교육의 효과를 높일 수 있다.

이에 대부분의 교육선진국에서는 공교육체제 안에서 유아교육을 제공하고 유치원을 기본학제에 포함시켜 국가 수준의 교육과정을 유아교육단계에서 시작하여 실제적으로 유아교육과 초등교육의 연계가 이루어지고 있다. 우리나라의 경우, 유아교육기관과 초등학교의 연계교육이 필요하다는 인식이 점차 높아지면서 1990년대부터 초등학교와의 연계를 위한 노력이 다각적인 측면에서 이어지고 있다. 특히 유아교육 단계에서 2012년부터 만 5세 공통과정인 누리과정을 실시하는 점은 초등연계교육을 위한 노력의 일환이라 볼 수 있다. 특히 초등학교 저학년의 교과와 학습활동이 통합교육과정으로 전개되면서, 유아교육과 초등교육 간의 연계가 부분적으로 이루어지고 있다. 최근 2015 개정 초등교육과정(이미숙, 2015)의 개발 방향에서 유아교육과 초등교육 간의 연계성을 강조하고 있다. 주요 내용을 살펴보면, 초등학교 교수학습 및 평가에서 5세 누리과정의 해당 영역과 연계하여 지도해야 한다는 지침이 제시되었다. 또한 초등 통합교육과정에 따른 교과서 개발 방향에 유아교육기관에서 다루어지는 생활주제가 통합교과교육과정의 8개 대주제와 동일하거나 유사함을 고려하여 학생의 흥미를 유발할 수 있도록 개발해야 한다는 내용이 포함되어 있다.

그러나 현실적으로 유아교육과 초등교육의 바람직한 연계는 아직 부족한 실정이다. 유 · 초 연계가 잘 이루어지지 못하는 이유를 살펴보면 다음과 같다(김혜원, 2005; 곽노의 외, 2012; 이경순, 2011).

첫째, 현재까지 유아교육이 기본학제에 포함되어 있지 않다는 점이다. 우리나라의 유아교육이 기본학제에 포함되지 않은 상황에서 많은 사람들이 여전히 유아교육기관을 초등교육을 위한 준비교육기관이라는 생각을 가지고 있다.

둘째, 교육과정 구성과 운영, 교육활동 및 교육환경 등에서 유아교육기관과 초등학교가 차이가 있다. 2012 개정 누리과정과 2009 개정 초등교육과정에서는 상호 연계를 위한 노력을 하였으나, 상호 교육과정에 대한 설명이 부족하고, 영역명칭이 다르고 영역 간 연계도 명확하지 않기 때문에 연계에 한계가 있다.

셋째, 유아교사와 초등교사의 상호 교육과정에 대한 이해가 부족하다. 이러한 상호교육과정 이해의 부족은 각 기관의 교원양성을 위한 직전교육 및 현직교육에 이와 관련된 교육내용이 거의 포함되어 있지 않기 때문이다.

넷째, 연계교육에 대한 교사, 전문가, 행정가의 인식이 미비하고 재정지원이 부족하다. 현재, 대부분의 유 · 초 연계교육은 행사나 형식적인 보고에 국한되어 있어 진정한 의미의 연계교육을 시행하고 있지 못한 실정이다.

바람직한 유 · 초 연계교육이 이루어지기 위해서는 행 · 재정적인 지원과 제도적인 노력이 필요하고, 교육과정 개정 시 연계된 교육과정을 구성하려는 노력과 함께 상호 교육과정에 대한 이해가 필요하다. 또한 이러한 이해를 기초로 아동들이 초등학교에 잘 적응할 수 있도록 하는 양 기관의 다각적인 협력이 필요하다.

2. 유·초 연계교육에 대한 인식

1) 유·초 연계교육에 대한 교사의 인식

유 · 초 연계에 대한 교사들의 인식을 조사한 장명림 외(2014)의 연구에 의하면, 유 · 초 연계가 잘 안 되는 가장 큰 이유에 대해서 유치원 교사는 '유치원의 학교로서의 법 · 제도 미흡(24.2%), 유치원 과정과 초등학교 교육과정의 연계 부족, 유 · 초 간 교육환경 및 교수학습방법의 차이'라고 생각하였다. 반면, 초등학교 교사는 '유치원 과정과 초등학교 교육과정의 연계 부족(33.6%)'이라고 가장 많이 응답하였으며, 다음으로, '유 · 초 간 교육환경 및 교수학습방법의 차이, 구체적인 유 · 초 연계 실행 프로그램 부족' 등의 순으로 응답하였다([그림1]).

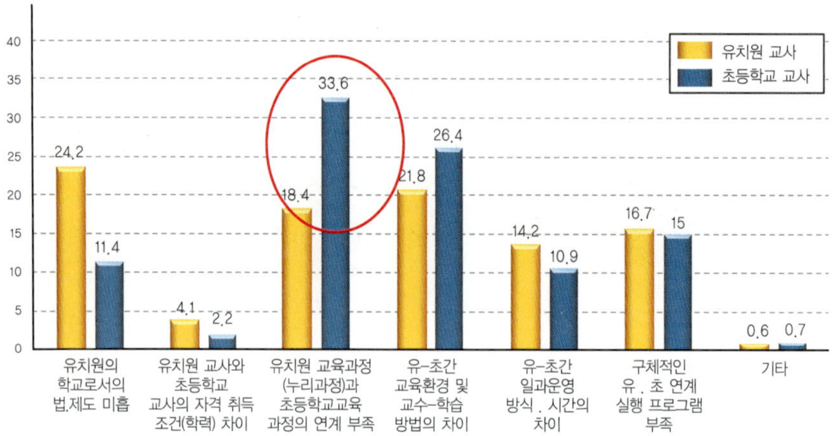

〔그림 1〕 유 · 초 연계가 잘 안 되는 가장 큰 이유

유치원 교사와 초등학교 교사에게 유 · 초 연계교육 활동 내용에 대해서 조사한 지성애(2010a)의 연구에 의하면, 유치원(초등학교) 교실 방문, 유치원(초등학교) 놀이터 사용 경험, 유치원(초등학교) 활동이나 행사 참석의 경우 전혀 없음에 대한 응답이 가장 많았다. 연계교육 활동을 위해서 어떤 것을 참고하는지에 대해서 책이나 서적, 인터넷 자료, 연수, 기타, 학회나 세미나 순이라고 응답하였다. 초등학교 적응을 위한 교육활동 내용으로는 사회적응 내용(46.8%), 생활습관태도 준비(30.8%), 초등교육 내용 선행학습(12.6%), 자기주도적 학습 준비(7.4%), 신체운동 교육내용(2.4%) 순으로 나타났다(〈표 1〉).

〈표 1〉 유 · 초 연계교육활동

n(%)

구분		유치원 (n=225)	초등학교 (n=194)	전체 (n=419)
유치원(초등학교) 교실방문	전혀 없음	111(49.3)	106(54.6)	217(51.8)
	1~2회	78(34.7)	56(28.9)	134(32.0)
	3~4회	14(6.2)	18(9.3)	32(7.6)
	5회 이상	22(9.8)	14(7.2)	36(8.6)
유치원(초등학교) 놀이터 사용	전혀 없음	104(46.2)	93(47.9)	197(47.0)
	1~2회	55(24.4)	64(33.0)	119(28.4)
	3~4회	25(11.1)	9(4.6)	34(8.1)
	5회 이상	41(18.3)	28(14.5)	69(16.5)
유치원(초등학교) 활동이나 행사 참석	전혀 없음	108(48.0)	120(61.8)	228(54.5)
	1~2회	50(22.2)	64(33.0)	114(27.2)
	3~4회	41(18.2)	4(2.1)	45(10.7)
	5회 이상	26(11.6)	6(3.1)	32(7.6)
초등학교 전이 교육활동 정보취득	있다	135(60.0)	84(43.3)	219(52.3)
	없다	90(40.0)	110(56.7)	200(47.7)
유초연계교육 활동 출처	책(서적)	49(35.6)	29(34.5)	77(35.2)
	인터넷 자료	42(31.1)	29(34.5)	71(32.4)
	학회(세미나) 참여	12(8.9)	4(4.8)	16(7.3)
	연수	19(14.1)	9(10.7)	28(12.8)
	기타	14(10.3)	13(15.5)	27(12.3)
초등학교 적응을 위한 교육활동 내용	초등학교 내용 선행학습	43(19.1)	10(5.2)	53(12.6)
	사회적응내용	97(43.1)	99(51.0)	196(46.8)
	신체운동 교육내용	7(3.1)	3(1.5)	10(2.4)
	자기주도적 학습준비	20(8.9)	11(5.7)	31(7.4)
	생활습관태도준비	58(25.8)	71(36.6)	129(30.8)

초등학교 교사가 1학년 아동들이 유치원에서 배워오기를 희망하는 것([그림 2])은 다른 사람의 말을 듣는 습관이 47.2%로 가장 높게 나타났다. 다음으로 규칙을 이해하고 지나친 장난하지 않기(19.2%), 수업시간에 자리에 앉아서 집중하기(12.8%), 기초문자 학습(11.6%) 등의 수준으로 나타났다(장명림 외, 2014).

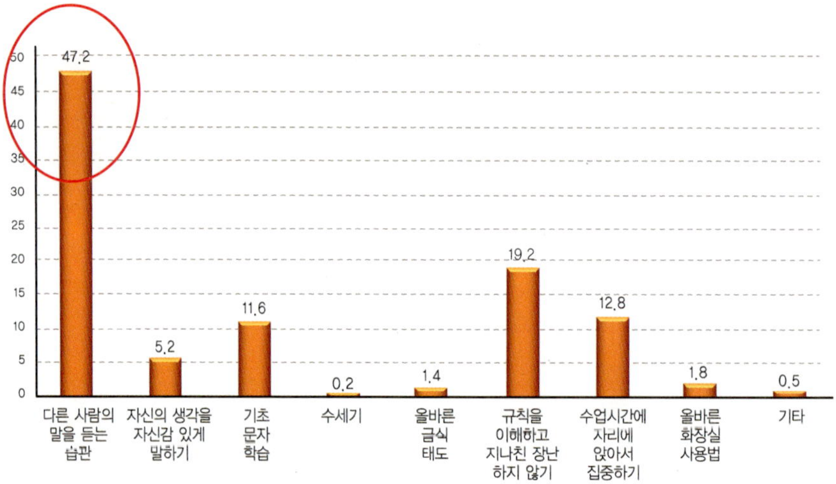

〔그림 2〕 1학년 아동들이 유치원에서 배워오기를 희망하는 것

2) 초등학교 취학 및 생활에 대한 학부모의 인식

학부모들이 자녀의 초등학교 취학과 관련하여 걱정하는 영역을 조사한 지성애(2010b)의 연구에 의하면, 새로운 환경적응에 대한 고민이 57.5%로 가장 많았으며 다음으로 학업능력/학업성취(25.3%), 또래관계(8.2%), 자녀성격의 적응문제(4.3%), 기본 생활 습관(3.0%) 및 교사와의 관계(1.7%) 순으로 나타났다(〈표 2〉).

〈표 2〉 초등학교 취학관련 걱정영역

구분		n(%)	새로운 환경 적응	학습능력 학업성취	또래관계	교사와의 관계	기본생활 습관	자녀 성격의 적응 문제
자녀 성별	남	120(49)	72(63.2)	23(20.2)	9(7.9)	1(0.9)	5(4.4)	4(3.4)
	여	125(51)	62(52.1)	36(30.3)	10(8.4)	3(2.5)	2(1.7)	6(5.0)
자녀 나이	만5세 미만	26(10.6)	17(73.9)	0(0)	5(21.7)	0(0)	1(4.4)	0(0.0)
	만5세	121(49.4)	73(64.0)	24(21.1)	8(7.0)	0(0)	3(2.6)	6(5.3)
	만 6세 이상	98(40.0)	44(45.8)	35(36.4)	6(6.3)	4(4.2)	3(3.1)	4(4.2)
출생 순위	첫째	109(44.5)	66(65.3)	19(18.9)	6(5.9)	0(0)	4(4.0)	6(5.9)
	둘째 이하	136(55.5)	68(51.5)	40(30.4)	13(9.8)	4(3.0)	3(2.3)	4(3.0)
전체		245(100)	134(57.5)	59(25.3)	19(8.2)	4(1.7)	7(3.0)	10(4.3)

자녀의 성공적인 초등학교 생활을 위해 가장 요구되는 경험에 대하여 부모들은 새로운 환경에 대한 자신감과 긍정적인 태도가 72.2%로 가장 많았으며, 다음으로 선행학습을 통한 학습력 향상(10.6%), 학교규칙과 기본 생활 습관지도(9.8%), 또래집단/대인관계형성(5.3%) 및 초등학교 체험경험 제공(2.1%)의 순으로 나타났다(지성애, 2010b). 이는 부모들이 학습적인 요소보다는 학교생활적응에 대한 경험을 가장 중요하게 생각하고 있음을 보여준다(〈표 3〉).

〈표 3〉 자녀의 성공적인 초등학교 생활을 위해 가장 요구되는 경험

구분		n(%)	선행학습을 통한 학습력 향상	학교 규칙과 기본생활 습관 지도	새로운 환경에 대한 자신감과 긍정적 태도	또래집단 대인관계 형성	초등학교 체험 경험 제공
자녀 성별	남	120(49)	10(8.3)	13(10.8)	86(71.7)	10(8.3)	1(0.9)
	여	125(51)	16(12.8)	11(8.8)	91(72.8)	3(2.4)	4(3.2)
자녀 나이	만5세 미만	26(10.6)	1(3.8)	4(15.4)	18(69.2)	2(7.7)	1(3.9)
	만 5세	121(49.4)	12(9.9)	12(9.9)	91(75.2)	4(3.3)	2(1.7)
	만 6세 이상	98(40.0)	13(13.3)	8(8.2)	68(69.4)	7(7.1)	2(2.0)
출생 순위	첫째	109(44.5)	11(10.1)	10(9.2)	81(74.3)	3(2.8)	4(3.6)
	둘째 이하	136(55.)	15(11.0)	14(10.3)	96(70.6)	10(7.4)	1(0.7)
전체		245(100)	26(10.6)	24(9.8)	177(72.2)	13(5.3)	5(2.1)

유 · 초 연계교육 바로 알기

Ⅱ. 누리과정과 초등학교 교육과정

1. 누리과정과 초등학교 교육과정 총론

유아교육기관과 초등학교의 내실있는 연계교육을 위해서는 각 기관의 교사들이 상호 교육과정을 바르게 이해하는 것이 필요하다. 2012년 3~5세 연령별 누리과정(교육과학기술부, 2012)에서는 초등 연계에 대한 개념 정립에서부터 실질적 교육내용의 연계 및 교육과정 문서체제 등 다양한 측면에서 초등과의 연계를 추구하였다. 2009 개정 초등교육과정이 시행된 2013년부터 초등 1~2학년은 대주제 중심의 통합교과서로 교육을 받기 시작하였으며 창의적 체험활동 또한 교과 간의 지식을 통합한 활동으로 진행되었다. 아울러 2015 개정 초등교육과정에서도 초등 저학년은 누리과정과의 연계를 강화하고 있다.

누리과정과 초등교육과정의 목적을 살펴보면 누리과정은 만 3~5세 유아의 심신의 건강과 조화로운 발달을 도와 민주시민의 기초를 형성하는 것을 목적으로 한다(교육과학기술부, 2012). 2015년 개정된 초등 교육과정에서는 기존의 교육적 인간상의 큰 틀을 유지하면서 미래 사회에서 요구되는 핵심역량을 포함하여, 교육과정이 추구하는 인간상을 제시하였다. 교육이념과 교육목적은 우리나라의 교육은 홍익인간의 이념 아래 모든 국민으로 하여금 인격을 도야하고, 자주적 생활 능력과 민주시민으로서 필요한 자질을 갖추게 함으로써 인간다운 삶을 영위하게 하고, 민주 국가의 발전과 인류 공영의 이상을 실현하는 데에 이바지하게 함을 목적으로 하고 있다. 추구하는 인간상은 자주적인 사람, 창의적인 사람, 교양 있는 사람, 더불어 사는 사람을 제시하였으며, 핵심역량은 자기관리 역량, 지식정보처리 역량, 창의적 사고

역량, 심미적 감성 역량, 의사소통 역량, 공동체 역량이다.

2012년 누리과정과 2015 개정 초등교육과정에 제시된 교육목표를 살펴보면 다음 〈표 4〉와 같다. 누리과정의 교육목표는 5개 영역별로 제시된 반면, 초등교육 과정은 추구하는 인간상을 실현하기 위한 목표로 진술된 점에서 차이가 있다.

〈표 4〉 누리과정과 초등교육과정 교육목표

누리과정	초등학교 교육과정
• 기본 운동 능력과 건강하고 안전한 생활 습관을 기른다. • 일상생활에 필요한 의사소통 능력과 바른 언어 사용 습관을 기른다. • 자신을 존중하고 다른 사람과 더불어 생활하는 능력과 태도를 기른다. • 아름다움에 관심을 가지고 예술 경험을 즐기며, 창의적으로 표현하는 능력을 기른다. • 호기심을 가지고 주변세계를 탐구하며, 일상생활에서 수학적 · 과학적으로 생각하는 능력과 태도를 기른다.	초등학교 교육은 학생의 일상생활과 학습에 필요한 기본 습관 및 기초 능력을 기르고 바른 인성을 함양하는 데에 중점을 둔다. • 자신의 소중함을 알고 건강한 생활 습관을 기르며, 풍부한 학습 경험을 통해 자신의 꿈을 키운다. • 학습과 생활에서 문제를 발견하고 해결하는 기초 능력을 기르고, 이를 새롭게 경험할 수 있는 상상력을 키운다. • 다양한 문화 활동을 즐기고 자연과 생활 속에서 아름다움과 행복을 느낄 수 있는 심성을 기른다. • 규칙과 질서를 지키고 협동정신을 바탕으로 서로 돕고 배려하는 태도를 기른다.

누리과정과 2015 개정 초등교육과정의 구성방침을 살펴보면 다음 〈표 5〉와 같다.

〈표 5〉 누리과정과 초등교육과정의 구성방침

누리과정	초등학교 교육과정
• 질서, 배려, 협력 등 기본 생활 습관과 바른 인성을 기르는 데 중점을 두어 구성한다. • 자율성과 창의성을 기르는 데 중점을 두고, 전인발달을 이루도록 구성한다. • 사람과 자연을 존중하고, 우리 문화를 이해하는 데 중점을 두어 구성한다. • 만 3~5세아의 발달 특성을 고려하여 연령별로 구성한다.	• 인문 · 사회 · 과학기술 기초 소양을 균형 있게 함양하고, 학생의 적성과 진로에 따른 선택학습을 강화한다. • 교과의 핵심 개념을 중심으로 학습 내용을 구조화하고 학습량을 적정화하여 학습의 질을 개선한다. • 교과 특성에 맞는 다양한 학생 참여형 수업을 활성화하여 자기주도적 학습 능력을 기르고 학습의 즐거움을 경험하도록 한다.

누리과정	초등학교 교육과정
• 신체운동·건강, 의사소통, 사회관계, 예술경험, 자연탐구의 5개 영역을 중심으로 구성한다. • 초등학교 교육과정과 0~2세 표준보육과정과의 연계성을 고려하여 구성한다.	• 학습의 과정을 중시하는 평가를 강화하여 학생이 자신의 학습을 성찰하도록 하고, 평가 결과를 활용하여 교수·학습의 질을 개선한다. • 교과의 교육 목표, 교육 내용, 교수·학습 및 평가의 일관성을 강화한다. • 특수교육 대상 학생의 개별적인 특성을 고려한 교육을 강조하여 개별 학생의 역량을 강화한다.

누리과정의 경우에는 발달 특성을 고려하여 연령별로 신체운동·건강, 의사소통, 사회관계, 예술경험, 자연탐구의 5개영역 중심의 통합교육으로 구성되었다. 이에 반해 2009 개정 초등교육과정부터 초등학교 1학년에서 중학교 3학년까지가 국민공통 교육과정에 포함되었으며 '학년군' 별로 운영되도록 편성되어 있다. 특히 2009 개정 초등교육과정부터 통합교과의 대주제와 소주제가 일치한 8개의 주제별 통합교과서를 편찬하였다. 누리과정과 초등교육과의 편제를 살펴보면 다음 〈표 6〉과 같다.

〈표 6〉 누리과정과 초등교육과정의 편제

	누리과정	초등학교 교육과정
영역 및 교과	신체운동·건강, 의사소통, 사회관계, 예술경험, 자연탐구	• 초등학교 교육과정은 교과(군)와 창의적 체험활동으로 편성한다. • 교과(군)는 국어, 사회/도덕, 수학, 과학/실과, 체육, 예술(음악/미술), 영어로 한다. 다만, 1·2학년의 교과는 국어, 수학, 바른 생활, 슬기로운 생활, 즐거운 생활로 한다. • 창의적 체험활동은 자율 활동, 동아리 활동, 봉사 활동, 진로 활동으로 한다. 다만, 1·2학년은 체험 활동 중심의 '안전한 생활'을 포함하여 편성·운영한다.

<table>
<tr><th></th><th>누리과정</th><th>초등학교 교육과정</th></tr>
<tr><td>시간 편성 및 운영</td><td>• 1일 3~5시간을 기준으로 편성한다.
• 5개 영역의 내용을 균형 있게 통합적으로 편성한다.
• 유아의 발달 특성 및 경험을 고려하여 놀이를 중심으로 편성한다.
• 반(학급) 특성에 따라 융통성 있게 편성한다.
• 성별, 종교, 신체적 특성, 가족 및 민족 배경 등으로 인한 편견이 없도록 편성한다.
• 일과 운영 시간에 따라 심화 확장할 수 있도록 편성한다.
• 연간, 월간, 주간, 일일 계획에 의거하여 운영한다.
• 실내 · 외 환경을 다양한 흥미 영역으로 구성하여 운영한다.
• 유아의 능력과 장애정도에 따라 조정하여 운영한다.
• 부모와 각 기관의 실정에 따라 부모교육을 실시한다.
• 가정과 지역사회와의 협력과 참여에 기반하여 운영한다.
• 교사 재교육을 통해서 누리과정 활동이 개선되도록 운영한다.</td><td>1) 시간 배당 기준
<table>
<tr><th colspan="2">구 분</th><th>1~2학년</th></tr>
<tr><td rowspan="7">교과(군)</td><td>국어</td><td rowspan="2">국어 448</td></tr>
<tr><td>사회/도덕</td></tr>
<tr><td>수학</td><td>수학 256</td></tr>
<tr><td>과학/실과</td><td rowspan="4">바른 생활 128
슬기로운 생활 192
즐거운 생활 384</td></tr>
<tr><td>체육</td></tr>
<tr><td>예술(음악/미술)</td></tr>
<tr><td>영어</td></tr>
<tr><td></td><td>소계</td><td>1,408</td></tr>
<tr><td colspan="2">창의적 체험활동</td><td>336
안전한 생활 (64)</td></tr>
<tr><td colspan="2">학년군별 총 수업 시간 수</td><td>1,744</td></tr>
</table></td></tr>
<tr><td>시간 편성 및 운영</td><td></td><td>① 이 표에서 1시간 수업은 40분을 원칙으로 하되, 기후 및 계절, 학생의 발달 정도, 학습 내용의 성격, 학교 실정 등을 고려하여 탄력적으로 편성 · 운영할 수 있다.
② 학년군 및 교과(군)별 시간 배당은 연간 34주를 기준으로 한 2년간의 기준 수업 시수를 나타낸 것이다.
③ 학년군 별 총 수업 시간 수는 최소 수업 시수를 나타낸 것이다.</td></tr>
</table>

초등학교 교육과정 편성 · 운영 기준을 살펴보면, 첫째, 학교는 모든 교육 활동을 통해 학생의 기본 생활 습관, 기초 학습 능력, 바른 인성을 함양할 수 있도록 교육과정을 편성 · 운영한다. 둘째, 학교는 학년군 별로 이수해야 할 교과를 학년별, 학기별로 편성하여 학생과 학부모에게 안내한다. 셋째, 학교는 각 교과의 기초적, 기본적 요소들이 체계적으로 학습되도록 교육과정을 편성 · 운영한다. 특히 국어사용 능력

과 수리 능력의 기초가 부족한 학생들을 대상으로 기초 학습 능력 향상을 위한 별도의 프로그램을 편성 · 운영할 수 있다. 넷째, 학교는 학교의 특성, 학생 · 교사 · 학부모의 요구 및 필요에 따라 교과(군)별 20% 범위 내에서 시수를 증감하여 편성 · 운영할 수 있다. 단, 체육, 예술(음악/미술) 교과는 기준 수업 시수를 감축하여 편성 · 운영할 수 없다. 다섯째, 학교는 교육의 효과를 높이기 위하여 필요한 경우 학년별, 학기별로 교과 집중 이수를 실시할 수 있다. 여섯째, 전입 학생이 특정 교과를 이수하지 못할 경우, 교육청과 학교에서는 보충 학습 과정 등을 통해 학습 결손이 발생하지 않도록 한다. 일곱째, 학년을 달리하는 학생을 대상으로 복식 학급을 편성 · 운영하는 경우에는 교육 내용의 학년별 순서를 조정하거나 공통 주제를 중심으로 교재를 재구성하여 활용할 수 있다. 여덟째, 학교는 창의적 체험활동의 영역을 학생들의 발달 수준, 학교의 여건 등을 고려하여 학년(군)별로 선택적으로 편성 · 운영할 수 있다. 아홉째, 학교는 1학년 학생들의 입학 초기 적응 교육을 위해 창의적 체험활동의 시간을 활용하여 자율적으로 입학 초기 적응 프로그램 등을 편성 · 운영할 수 있다. 열 번째, 정보통신활용 교육, 보건 교육, 한자 교육 등은 관련 교과(군)와 창의적 체험활동 시간을 활용하여 체계적인 지도가 이루어질 수 있도록 한다.

2. 누리과정 영역과 초등학교 교과

1) 누리과정 영역과 초등학교 저학년 교과 편성

유 · 초 연계교육에 있어 해결해야 할 과제 중의 하나로 상호교육과정에서 사용하는 명칭의 불일치를 들 수 있다. 현재 누리과정의 영역별 명칭과 초등학교 교육과정의 교과명칭이 일치하지 않을 뿐 아니라 누리과정 영역과 초등학교 교과가 중복되어 있는 실정이다. 현재 유아교육기관과 초등학교의 경우 교사용 지침서에 각각 초등학교 교육과정 관련요소와 누리과정 관련요소를 간략하게 제시하고 있지만 실제적으로 상호교육과정에 대한 설명은 충분하지 못한 실정이다. 이에 누리과정의 영역과 초등 교과 간의 명칭의 통일 및 양 교육과정 간의 관련 내용을 좀 더 상대 교육과정에 상세하게 기술할 필요가 있음을 제시하고 있다(곽노의, 김창복, 이경순, 2012; 김창복, 2013). 누리과정 영역과 초등학교 저학년 교과 편성 간의 관계를 제시하면 다음 〈표 7〉과 같다.

〈표 7〉 만 5세 누리과정 영역과 초등학교 저학년 교과 간의 관계

구분	국어	수학	바른 생활	슬기로운 생활	즐거운 생활
신체운동 · 건강			V	V	V
의사소통	V				
사회관계			V	V	
예술경험					V
자연탐구		V		V	

2) 누리과정 영역과 초등학교 저학년 교과 목표

가. 누리과정 신체운동 · 건강영역과 초등학교 교육과정 바른 생활, 슬기로운 생활, 즐거운 생활 목표

누리과정 신체운동 · 건강영역(교육과학기술부, 2012)과 2015 개정 초등학교 교육과정 바른 생활, 슬기로운 생활, 즐거운 생활(교육부, 2015a)의 목표를 비교하여 제시하면 다음 〈표 8〉과 같다. 누리과정의 신체운동 · 건강영역과 초등학교 바른 생활, 즐거운 생활, 슬기로운 생활의 목표를 살펴보면 기본 운동 능력이나 생활 습관 측면에서 연계성이 있는 것을 볼 수 있다.

〈표 8〉 누리과정 신체운동 · 건강영역과 초등학교 교육과정
바른생활, 슬기로운 생활, 즐거운 생활 목표

구분	누리과정	초등학교 교육과정(1~2학년군)		
	신체운동 · 건강	바른 생활	슬기로운 생활	즐거운 생활
기본목표	기본 운동능력과 건강하고 안전한 생활습관을 기른다.	일상생활에 필요한 기본 생활 습관과 학습 습관을 길러 공동체의 구성원으로서 기본 소양과 인성을 갖춘 바른 사람으로 성장한다.	주변의 생활 세계에 관해 지속적으로 관심을 가지고 탐구하여 사회 현상과 자연 현상에 대한 이해를 넓힌다.	건강한 몸과 창의적 표현 능력을 길러 일상생활을 즐겁게 영위하고 문화적 소양을 함양한다.
하위목표	① 감각 능력을 기르고, 자신의 신체를 긍정적으로 인식한다. ② 신체를 조절하고 기본 운동 능력을 기른다. ③ 신체 활동에 즐겁게 참여한다. ④ 건강한 생활 습관을 기른다. ⑤ 안전한 생활 습관을 기른다.	① 가정, 학교, 사회에서 생활하는 데 필요한 기본 생활 습관과 학습에 필요한 기본 학습 습관을 기른다. ② 바른 생활을 실천하는 과정에서 가치와 태도를 내면화하고, 다양한 실천 기능을 익힌다. ③ 더불어 사는 데 필요한 공동체 의식을 함양하고, 자기 관리 능력과 의사소통 능력을 기른다.	① 자신의 주변에서 살아가는 사람들의 생활 모습과 자연의 모습, 주변 현상의 상호 관계와 변화에 관심을 가지고 탐구한다. ② 주변을 대상으로 탐구활동을 수행하는 데 필요한 기초적인 탐구 기능을 익힌다. ③ 주변에서 일어나는 현상을 창의융합적으로 생각하고, 자료를 수집, 분류, 이해하며, 탐구하는 과정에서 다른 사람과 의사소통한다.	① 여러 가지 놀이와 표현 활동을 통해 감각을 발달시키고 건강한 신체를 기른다. ② 활동에 참여하는 과정에서 기초적인 표현 기능을 익힌다. ③ 소리, 이미지, 움직임 등에 대한 심미적 감성 능력을 기르고 창의융합적으로 표현하면서 서로 소통하는 능력을 기른다.

나. 누리과정 의사소통영역과 초등학교 교육과정 국어과 목표

누리과정 의사소통영역(교육과학기술부, 2012)과 2015 개정 초등학교 교육과정 국어과(교육부, 2015a)의 목표를 비교하여 제시하면 다음 〈표 9〉와 같다. 제시된 국어과 목표는 국민공통교육과정을 포괄하는 것임으로 누리과정 의사소통영역의 목표와는 수준 차이가 크다고 할 수 있다.

〈표 9〉 누리과정 의사소통영역과 초등학교 교육과정 국어과 목표

구분	누리과정	초등학교 교육과정(1~2학년군)
	의사소통	국어
기본목표	일상생활에 필요한 의사소통 능력과 바른 언어 사용 습관을 기른다.	국어로 이루어지는 이해 · 표현 활동 및 문법과 문학의 본질을 이해하고, 의사소통이 이루어지는 맥락의 다양한 요소를 고려하여 품위 있고 개성 있는 국어를 사용하며, 국어문화를 향유하면서 국어의 발전과 국어문화 창조에 이바지하는 능력과 태도를 기른다.
하위목표	① 다른 사람의 말을 주의 깊게 듣는 태도와 이해하는 능력을 기른다. ② 자신의 생각과 느낌을 말하는 능력을 기른다. ③ 글자와 책에 친숙해지는 경험을 통하여 글자 모양을 인식하고 읽기에 흥미를 가진다. ④ 말과 글의 관계를 알고 자신의 생각, 느낌, 경험을 글로 표현하는 데 관심을 가진다.	① 다양한 유형의 담화, 글, 작품을 정확하고 비판적으로 이해하고 효과적이고 창의적으로 표현하며 소통하는 데 필요한 기능을 익힌다. ② 듣기 · 말하기, 읽기, 쓰기 활동 및 문법 탐구와 문학 향유에 도움이 되는 기본 지식을 갖춘다. ③ 국어의 가치와 국어 능력의 중요성을 인식하고 주체적으로 국어생활을 하는 태도를 기른다.

다. 누리과정 사회관계영역과 초등학교 교육과정 바른 생활, 슬기로운 생활 목표

누리과정의 사회관계영역과 2015 개정 초등학교 교육과정 바른 생활, 슬기로운 생활의 목표를 비교하여 제시하면 다음 〈표 10〉과 같다. 사회관계영역과 바른 생활, 슬기로운 생활의 목표의 연계성을 살펴볼 때 의미상 연계되었으며, 바른 생활, 슬기로운 생활의 기본목표에서 좀 더 구체화되어 기술되어 있다.

〈표 10〉 누리과정 사회관계영역과 초등학교 교육과정 바른 생활, 슬기로운 생활 목표

구분	누리과정	초등학교 교육과정(1~2학년군)	
	사회관계	바른 생활	슬기로운 생활
기본목표	자신을 존중하고 다른 사람과 더불어 생활하는 능력과 태도를 기른다.	일상생활에 필요한 기본 생활 습관과 학습 습관을 길러 공동체의 구성원으로서 기본 소양과 인성을 갖춘 바른 사람으로 성장한다.	주변의 생활 세계에 관해 지속적으로 관심을 가지고 탐구하여 사회 현상과 자연 현상에 대한 이해를 넓힌다.
하위목표	① 자신을 소중히 여기며 자율성을 기른다. ② 자신과 타인의 감정을 알고, 자신의 감정을 적절하게 표현하고 조절한다. ③ 가족과 화목하게 지내며 서로 협력한다. ④ 친구, 공동체 구성원들과 서로 돕고, 예의·규칙 등 사회적 가치를 알고 지킨다. ⑤ 우리 동네, 우리나라, 다른 나라에 관심을 가진다.	① 가정, 학교, 사회에서 생활하는 데 필요한 기본 생활 습관과 학습에 필요한 기본 학습 습관을 기른다. ② 바른 생활을 실천하는 과정에서 가치와 태도를 내면화하고, 다양한 실천 기능을 익힌다. ③ 더불어 사는 데 필요한 공동체 의식을 함양하고, 자기 관리 능력과 의사소통 능력을 기른다.	① 자신의 주변에서 살아가는 사람들의 생활 모습과 자연의 모습, 주변 현상의 상호 관계와 변화에 관심을 가지고 탐구한다. ② 주변을 대상으로 탐구 활동을 수행하는 데 필요한 기초적인 탐구 기능을 익힌다. ③ 주변에서 일어나는 현상을 창의융합적으로 생각하고, 자료를 수집·분류·이해하며, 탐구하는 과정에서 다른 사람과 의사소통한다.

라. 누리과정 예술경험영역과 초등학교 교육과정 즐거운 생활 목표

누리과정 예술경험영역(교육과학기술부, 2012)과 2015 개정 초등학교 교육과정 즐거운 생활(교육부, 2015a)의 목표를 살펴보면 다음 〈표 11〉과 같다. 예술경험을 즐기고 창의적인 표현능력을 기른다는 점에서 누리과정 예술경험영역과 초등학교 즐거운 생활 간에 연계가 이루어졌으며 하위목표도 일부 의미상 연계되고 있다.

〈표 11〉 누리과정 예술경험영역과 초등학교 교육과정 즐거운 생활 목표

구분	누리과정	초등학교 교육과정(1~2학년군)
	예술경험	즐거운 생활
기본목표	아름다움에 관심을 가지고 예술 경험을 즐기며, 창의적으로 표현하는 능력을 기른다.	건강한 몸과 창의적 표현 능력을 길러 일상생활을 즐겁게 영위하고 문화적 소양을 함양한다.
하위목표	① 자연과 주변 환경에서 발견한 아름다움과 예술적 요소에 관심을 갖고 탐색한다. ② 자신의 생각과 느낌을 음악, 움직임과 춤, 미술, 극놀이를 통해 창의적으로 표현하는 것을 즐긴다. ③ 자연과 다양한 예술 작품을 감상하며, 풍부한 감성과 심미적 태도를 기른다.	① 여러 가지 놀이와 표현 활동을 통해 감각을 발달시키고 건강한 신체를 기른다. ② 활동에 참여하는 과정에서 기초적인 표현 기능을 익힌다. ③ 소리, 이미지, 움직임 등에 대한 심미적 감성 능력을 기르고 창의융합적으로 표현하면서 서로 소통하는 능력을 기른다.

마. 누리과정 자연탐구영역과 초등학교 교육과정 슬기로운 생활, 수학과 목표

누리과정의 자연탐구영역(교육과학기술부, 2012)과 2015 개정 초등학교 교육과정 슬기로운 생활, 수학과의 목표(교육부, 2015a)를 제시하면 다음 〈표 12〉와 같다. 주변세계에 대한 관심과 수학적 능력과 태도를 기른다는 점에서 누리과정 자연탐구영역과 초등학교 슬기로운 생활과 수학과의 기본목표와 하위목표에서 상호 연계가 이루어진 것으로 보인다.

〈표 12〉 누리과정 자연탐구영역과 초등학교 교육과정 슬기로운 생활, 수학과 목표

구분	누리과정	초등학교 교육과정(1~2학년군)	
	자연탐구	슬기로운 생활	수학
기본목표	호기심을 가지고 주변세계를 탐구하며, 일상생활에서 수학적 · 과학적으로 생각하는 능력과 태도를 기른다.	주변의 생활 세계에 관해 지속적으로 관심을 가지고 탐구하여 사회 현상과 자연 현상에 대한 이해를 넓힌다.	수학의 개념, 원리, 법칙을 이해하고 기능을 습득하며 수학적으로 추론하고 의사소통하는 능력을 길러, 생활 주변과 사회 및 자연 현상을 수학적으로 이해하고 문제를 합리적이고 창의적으로 해결하며, 수학 학습자로서 바람직한 태도와 실천 능력을 기른다.

구분	누리과정	초등학교 교육과정(1~2학년군)	
	자연탐구	슬기로운 생활	수학
하위목표	① 주변의 사물과 자연 세계에 대해 알고자 하는 호기심을 가지고 탐구하는 태도를 기른다. ② 생활 속의 여러 상황과 문제를 논리·수학적으로 이해하고 해결하기 위한 기초 능력을 기른다. ③ 주변의 관심 있는 사물과 생명체 및 자연현상을 탐구하기 위한 기초 능력을 기른다.	① 자신의 주변에서 살아가는 사람들의 생활 모습과 자연의 모습, 주변 현상의 상호 관계와 변화에 관심을 가지고 탐구한다. ② 주변을 대상으로 탐구 활동을 수행하는 데 필요한 기초적인 탐구 기능을 익힌다. ③ 주변에서 일어나는 현상을 창의융합적으로 생각하고, 자료를 수집·분류·이해하며, 탐구하는 과정에서 다른 사람과 의사소통한다.	① 생활 주변 현상을 수학적으로 관찰하고 표현하는 경험을 통하여 수학의 기초적인 개념, 원리, 법칙을 이해하고 수학의 기능을 습득한다. ② 수학적으로 추론하고 의사소통하며, 창의·융합적 사고와 정보 처리 능력을 바탕으로 생활 주변 현상을 수학적으로 이해하고 문제를 합리적이고 창의적으로 해결한다. ③ 수학 학습의 즐거움을 느끼고 수학의 유용성을 인식하며 수학 학습자로서 바람직한 태도와 실천 능력을 기른다.

3) 초등학교 교과 성취기준

초등학교 교육과정에서 제시된 교과별 성취기준은 학생들이 교과를 통해 배워야 할 내용과 이를 통해 수업 후 할 수 있거나 할 수 있기를 기대하는 능력을 결합하여 나타낸 수업 활동의 기준을 의미한다(교육부, 2015a).

가. 바른 생활, 슬기로운 생활, 즐거운 생활

초등학교 '바른 생활'은 일상생활과 학습에 필요한 기본적인 습관을 형성하고 실천할 수 있는 능력과 태도를 길러 건전한 인성을 지닌 사람으로 성장하도록 하는 데 초점이 있는 교과이다. '슬기로운 생활'은 '주변의 생활 세계에 관해 지속적으로 관심을 가지고 탐구하여 사회 현상과 자연 현상에 대한 이해를 넓히는 것'에 초점을 둔다. 초등학교 '즐거운 생활'은 일상생활에 필요한 기초적인 표현 능력을 기르고, 아름다움에 대한 경험과 신체 표현 활동을 통해 문화적 소양을 지닌 사람을 기르는 데 초점이 있는 교과이다. 건강한 몸과 창의적 표현 능력을 길러 일상생활을 즐겁게 영위하고 문화적 소양을 함양하는 것에 초점을 둔다.

초등학교 바른 생활, 슬기로운 생활, 즐거운 생활은 '학교', '봄', '가족', '여름', '마을', '가을', '나라', '겨울'의 8개 영역(대주제)으로 되어 있으며, 이는 '바른 생활'과 '슬기로운 생활' 및 '즐거운 생활'의 통합을 고려한 것이다. 초등학교 바른 생활, 슬기로운 생활, 즐거운 생활 성취기준을 살펴보면 〈표 13〉과 같다(교육부, 2015a).

〈표 13〉 바른 생활, 슬기로운 생활, 즐거운 생활 성취기준

대주제	바른 생활	슬기로운 생활	즐거운 생활
학교	[1] 학교생활에 필요한 규칙과 약속을 정해서 지킨다.	[1] 학교 안과 밖, 교실을 둘러보면서 위치와 학교생활 모습 등을 알아본다. [2] 여러 친구의 다양한 특성을 이해하고 친구와 잘 지내는 방법을 알아본다.	[1] 친구와 친해질 수 있는 놀이를 한다. [2] 다양한 방법으로 교실을 꾸민다.
	[2] 몸과 마음을 건강하게 유지한다.	[3] 나의 몸을 살펴보고 몸의 여러 부분의 이름과 하는 일을 관련짓는다. [4] 나의 과거와 현재 모습을 통해서 재능과 흥미를 찾고, 이에 근거하여 미래의 모습을 예상한다.	[3] 나의 몸을 창의적으로 표현하고, 활발하게 움직일 수 있는 놀이를 한다. [4] 나의 흥미와 재능 등을 표현하는 공연 · 전시 활동을 한다.
봄	[1] 봄철 날씨 변화를 알고 건강 수칙을 스스로 지키는 습관을 기른다.	[1] 봄 날씨의 특징과 주변의 생활 모습을 관련짓는다. [2] 봄철에 사용하는 생활 도구를 종류와 쓰임에 따라 구분한다.	[1] 봄의 모습과 느낌을 창의적으로 표현한다. [2] 봄을 맞이하여 집을 아름답게 꾸민다.
	[2] 봄에 볼 수 있는 동식물을 소중히 여기고 보살핀다.	[3] 봄이 되어 볼 수 있는 다양한 동식물을 찾아본다. [4] 봄에 씨앗이나 모종을 심어 기르면서 식물이 자라는 모습을 관찰한다.	[3] 봄에 볼 수 있는 동식물을 다양하게 표현한다. [4] 여러 가지 놀이나 게임을 하면서 봄나들이를 즐긴다.
가족	[1] 가족 및 친척 간에 지켜야 할 예절을 실천한다.	[1] 우리 가족의 특징을 조사하여 소개한다. [2] 나와 가족, 친척의 관계를 알고 친척과 함께 하는 행사나 활동을 조사한다.	[1] 가족 구성원이 하는 역할을 고려하여 고마운 마음을 작품으로 표현한다. [2] 가족이나 친척이 함께 한 일을 다양한 방법으로 표현한다.
	[2] 가족의 형태와 문화가 다양함을 알고 존중한다.	[3] 주변에서 볼 수 있는 여러 형태의 가족을 살펴본다. [4] 가족의 형태에 따른 구성원의 다양한 역할을 알아본다.	[3] 집 안팎의 모습을 여러 가지 방법으로 표현한다. [4] 가족 구성원이 하는 역할에 대해 놀이를 한다.

대주제	바른생활	슬기로운 생활	즐거운 생활
여름	[1] 여름철의 에너지 절약 수칙을 알고 습관화한다.	[1] 여름 날씨의 특징과 주변의 생활 모습을 관련짓는다. [2] 여름에 사용하는 생활 도구의 종류와 쓰임을 조사한다.	[1] 여름의 모습과 느낌을 창의적으로 표현한다. [2] 여름에 사용하는 생활 도구를 여러 가지 방법으로 표현한다.
	[2] 여름 생활을 건강하고 안전하게 할 수 있도록 계획을 세워 실천한다.	[3] 여름에 볼 수 있는 동식물을 살펴보고 그 특징을 탐구한다. [4] 여름방학 동안 하고 싶은 일과 해야 할 일을 계획한다.	[3] 여름에 볼 수 있는 동식물을 다양하게 표현하고 감상한다. [4] 여름에 할 수 있는 여러 가지 놀이를 한다.
마을	[1] 공공장소의 올바른 이용과 시설물을 바르게 사용하는 습관을 기른다.	[1] 이웃과 더불어 생활하는 모습을 조사하고 발표한다. [2] 이웃과 함께 쓰는 장소와 시설물의 종류와 쓰임을 탐색한다.	[1] 이웃의 모습과 생활을 다양하게 표현하고, 이웃과 함께 할 수 있는 놀이를 한다. [2] 주변의 장소와 시설물을 이용하여 놀이한다.
	[2] 동네를 위해 할 수 있는 일을 찾아 실천하면서 일의 소중함을 안다.	[3] 동네의 모습을 관찰하고, 그림으로 그려 설명한다. [4] 동네 사람들이 하는 일, 식업 등을 조사하여 발표한다.	[3] 동네 모습을 다양하게 표현한다. [4] 동네에서 볼 수 있는 직업과 관련하여 놀이를 한다.
가을	[1] 사람들이 많이 모이는 곳에서 질서와 규칙을 지키며 생활한다.	[1] 가을 날씨의 특징과 주변의 생활 모습을 관련짓는다. [2] 여러 가지 자료를 활용하여 가을의 특징을 파악한다.	[1] 가을의 모습과 느낌을 창의적으로 표현한다. [2] 가을과 관련한 놀이를 한다.
	[2] 추수하는 사람들의 수고에 감사하는 태도를 기른다.	[3] 추석에 대해 알아보고 다른 세시 풍속과 비교한다. [4] 가을에 볼 수 있는 것을 살펴보고, 특징에 따라 무리 짓는다.	[3] 여러 가지 민속놀이를 한다. [4] 가을 낙엽, 열매 등을 소재로 다양하게 표현한다.
나라	[1] 우리와 북한이 같은 민족임을 알고, 통일 의지를 다진다.	[1] 우리나라의 상징과 문화를 조사하여 소개하는 자료를 만든다. [2] 남북한의 공통점과 차이점을 비교한다.	[1] 우리나라의 상징을 여러 가지 방법으로 표현한다. [2] 남북한에서 하는 놀이를 하고, 통일을 바라는 마음을 다양하게 표현한다.
	[2] 다른 나라의 문화를 존중하고 공감하는 태도를 기른다.	[3] 내가 알고 싶은 나라를 조사하여 발표한다. [4] 다른 나라의 노래, 춤, 놀이를 조사한다.	[3] 다른 나라의 문화를 나타내는 작품을 전시·공연하고 감상한다. [4] 다른 나라의 노래, 춤, 놀이를 즐기고 그 느낌을 다양하게 표현한다.

대주제	바른생활	슬기로운 생활	즐거운 생활
겨울	[1] 상대방을 배려하며 서로 돕고 나누는 생활을 한다.	[1] 겨울 날씨의 특징과 주변의 생활 모습을 관련짓는다. [2] 겨울철에 쓰이는 생활 도구의 종류와 쓰임을 조사한다.	[1] 겨울의 모습과 느낌을 창의적으로 표현한다. [2] 여러 가지 놀이 도구를 만들어 겨울 놀이를 한다.
	[2] 생명을 존중하며 동식물을 보호한다. [3] 겨울방학 생활 계획을 세워서 실천한다.	[3] 동식물의 겨울나기 모습을 살펴보고, 좋아하는 동물의 특성을 탐구한다. [4] 겨울에 하고 싶은 일, 해야 할 일 등을 조사한다.	[3] 동물 흉내 내기 놀이를 한다. [4] 건강한 겨울나기를 위해 규칙적으로 운동한다.

나. 국어과

초등학교 1~2학년 국어과는 '취학 전의 국어 경험을 발전시켜 일상생활과 학습에 필요한 기초 문식성을 갖추고, 말과 글(또는 책)에 흥미를 가진다'는 것에 초점을 둔다. 국어의 교육내용 체계는 듣기 · 말하기, 읽기, 쓰기, 문법, 문학 영역으로 구성되어 있으며, 성취기준을 영역별로 단계화하여 제시한다. 초등학교 1~2학년 국어의 영역별 성취기준은 다음 〈표 14〉와 같다(교육부, 2015a).

〈표 14〉 1~2학년 국어과 성취기준

영역	성취기준
듣기 · 말하기	[1] 상황에 어울리는 인사말을 주고받는다. [2] 일이 일어난 순서를 고려하며 듣고 말한다. [3] 자신의 감정을 표현하며 대화를 나눈다. [4] 듣는 이를 바라보며 바른 자세로 자신 있게 말한다. [5] 말하는 이와 말의 내용에 집중하며 듣는다. [6] 바르고 고운 말을 사용하여 말하는 태도를 지닌다.
읽기	[1] 글자, 낱말, 문장을 소리 내어 읽는다. [2] 문장과 글을 알맞게 띄어 읽는다. [3] 글을 읽고 주요 내용을 확인한다. [4] 글을 읽고 인물의 처지와 마음을 짐작한다. [5] 읽기에 흥미를 가지고 즐겨 읽는 태도를 지닌다.

영역	성취기준
쓰기	[1] 글자를 바르게 쓴다. [2] 자신의 생각을 문장으로 표현한다. [3] 주변의 사람이나 사물에 대해 짧은 글을 쓴다. [4] 인상 깊었던 일이나 겪은 일에 대한 생각이나 느낌을 쓴다. [5] 쓰기에 흥미를 가지고 즐겨 쓰는 태도를 지닌다.
문법	[1] 한글 자모의 이름과 소릿값을 알고 정확하게 발음하고 쓴다. [2] 소리와 표기가 다를 수 있음을 알고 낱말을 바르게 읽고 쓴다. [3] 문장에 따라 알맞은 문장 부호를 사용한다. [4] 글자, 낱말, 문장을 관심 있게 살펴보고 흥미를 가진다.
문학	[1] 느낌과 분위기를 살려 그림책, 시나 노래, 짧은 이야기를 들려주거나 듣는다. [2] 인물의 모습, 행동, 마음을 상상하며 그림책, 시나 노래, 이야기를 감상한다. [3] 여러 가지 말놀이를 통해 말의 재미를 느낀다. [4] 자신의 생각이나 겪은 일을 시나 노래, 이야기 등으로 표현한다. [5] 시나 노래, 이야기에 흥미를 가진다.

다. 수학과

초등학교 수학과는 '수학의 개념, 원리, 법칙을 이해하고 기능을 습득하며 수학적으로 추론하고 의사소통하는 능력을 길러, 생활 주변과 사회 및 자연 현상을 수학적으로 이해하고 문제를 합리적이고 창의적으로 해결하며, 수학 학습자로서 바람직한 태도와 실천 능력을 기른다'에 초점을 둔다. 초등학교 수학의 교육내용은 '수와 연산', '도형', '측정', '규칙성', '자료와 가능성'의 5개 영역으로 구성된다. '수와 연산' 영역에서는 자연수, 분수, 소수의 개념과 사칙계산을, '도형' 영역에서는 평면도형과 입체도형의 개념, 구성 요소, 성질과 공간 감각을, '측정' 영역에서는 시간, 길이, 들이, 무게, 각도, 넓이, 부피의 측정과 어림을, '규칙성' 영역에서는 규칙 찾기, 비, 비례식을, '자료와 가능성' 영역에서는 자료의 수집, 분류, 정리, 해석과 사건이 일어날 가능성을 다룬다. 초등학교 1~2학년 수학의 영역별 성취기준은 다음 〈표 15〉와 같다(교육부, 2015a).

〈표 15〉 1~2학년 수학과 성취기준

영역	성취기준
수와 연산	① 네 자리 이하의 수 [1] 0과 100까지의 수 개념을 이해하고, 수를 세고 읽고 쓸 수 있다. [2] 일, 십, 백, 천의 자릿값과 위치적 기수법을 이해하고, 네 자리 이하의 수를 읽고 쓸 수 있다. [3] 네 자리 이하의 수의 범위에서 수의 계열을 이해하고, 수의 크기를 비교할 수 있다. [4] 하나의 수를 두 수로 분해하고 두 수를 하나의 수로 합성하는 활동을 통하여 수 감각을 기른다. ② 두 자리 수 범위의 덧셈과 뺄셈 [5] 덧셈과 뺄셈이 이루어지는 실생활 상황을 통하여 덧셈과 뺄셈의 의미를 이해한다. [6] 두 자리 수의 범위에서 덧셈과 뺄셈의 계산 원리를 이해하고 그 계산을 할 수 있다. [7] 덧셈과 뺄셈의 관계를 이해한다. [8] 두 자리 수의 범위에서 세 수의 덧셈과 뺄셈을 할 수 있다. [9] □가 사용된 덧셈식과 뺄셈식을 만들고, □의 값을 구할 수 있다. ③ 곱셈 [10] 곱셈이 이루어지는 실생활 상황을 통하여 곱셈의 의미를 이해한다. [11] 곱셈구구를 이해하고, 한 자리 수의 곱셈을 할 수 있다.
도형	① 입체도형의 모양 [1] 교실 및 생활 주변에서 여러 가지 물건을 관찰하여 직육면체, 원기둥, 구의 모양을 찾고, 그것들을 이용하여 여러 가지 모양을 만들 수 있다. [2] 쌓기나무를 이용하여 여러 가지 입체도형의 모양을 만들고, 그 모양에 대해 위치나 방향을 이용하여 말할 수 있다. ② 평면도형과 그 구성 요소 [3] 교실 및 생활 주변에서 여러 가지 물건을 관찰하여 삼각형, 사각형, 원의 모양을 찾고, 그것들을 이용하여 여러 가지 모양을 꾸밀 수 있다. [4] 삼각형, 사각형, 원을 직관적으로 이해하고, 그 모양을 그릴 수 있다. [5] 삼각형, 사각형에서 각각의 공통점을 찾아 말하고, 이를 일반화하여 오각형, 육각형을 알고 구별할 수 있다.
측정	① 양의 비교 [1] 구체물의 길이, 들이, 무게, 넓이를 비교하여 각각 '길다, 짧다', '많다, 적다', '무겁다, 가볍다', '넓다, 좁다' 등을 구별하여 말할 수 있다. ② 시각과 시간 [2] 시계를 보고 시각을 '몇 시 몇 분'까지 읽을 수 있다. [3] 1시간은 60분임을 알고, 시간을 '시간', '분'으로 표현할 수 있다. [4] 1분, 1시간, 1일, 1주일, 1개월, 1년 사이의 관계를 이해한다. ③ 길이 [5] 길이를 나타내는 표준 단위의 필요성을 인식하고, 1cm와 1m의 단위를 알며, 상황에 따라 적절한 단위를 사용하여 길이를 측정할 수 있다. [6] 1m가 100cm임을 알고, 길이를 단명수와 복명수로 표현할 수 있다. [7] 여러 가지 물건의 길이를 어림하여 보고, 길이에 대한 양감을 기른다. [8] 구체물의 길이를 재는 과정에서 자의 눈금과 일치하지 않는 길이의 측정값을 '약'으로 표현할 수 있다. [9] 실생활 문제 상황을 통하여 길이의 덧셈과 뺄셈을 이해한다.

영역	성취기준
규칙성	① 규칙 찾기 [1] 물체, 무늬, 수 등의 배열에서 규칙을 찾아 여러 가지 방법으로 나타낼 수 있다. [2] 자신이 정한 규칙에 따라 물체, 무늬, 수 등을 배열할 수 있다.
자료와 가능성	① 분류하기 [1] 교실 및 생활 주변에 있는 사물들을 정해진 기준 또는 자신이 정한 기준으로 분류하여 개수를 세어보고, 기준에 따른 결과를 말할 수 있다. ② 표 만들기 [2] 분류한 자료를 표로 나타내고, 표로 나타내면 편리한 점을 말할 수 있다. ③ 그래프 그리기 [3] 분류한 자료를 ○, ×, ／ 등을 이용하여 그래프로 나타내고, 그래프로 나타내면 편리한 점을 말할 수 있다.

3. 초등학교 창의적 체험활동

1) 초등학교 1학년 입학초기적응 활동

입학초기적응 활동은 2009 개정 초등교육과정부터 창의적 체험활동-자율활동 영역의 적응활동 일부로 운영되고 있다. 초등학교 1학년의 입학초기적응 활동은 학교생활의 원만한 시작과 적응을 돕고 학습자의 학습 능력 출발점의 차이를 최소화하기 위하여 첫째, 일상생활에 필요한 기본 생활 습관 및 가치를 형성한다. 둘째, 바르고 원만한 인간관계를 형성하여 학교생활을 즐겁게 하며, 셋째, 학습에 필요한 최소한의 기초적인 학습 태도 및 기능을 습득하게 하는 교육활동이다. 입학초기적응 활동의 지도 내용은 새로운 학교라는 물리적 공간의 특성을 이해하고 안전하게 이용하며 새로운 선생님 및 급우들과 적절한 관계를 형성하기 위한 '학교생활 적응 영역'과 기초적인 학습 태도 및 학습 능력을 형성하여 교과 및 교과외 활동에 적응하기 위한 '학습습관 형성 영역'으로 구분한다. 학교에서 학습자의 특성과 지역사회의 요구 등을 고려하여 영역과 세부 내용을 가감할 수 있다. 초등학교 1학년 입학초기적응을 위한 창의적인 특색사업의 내용 및 활동의 세부 내용 구성의 예를 제시하면 다음

〈표 16〉, 〈표 17〉과 같다.

〈표 16〉 창의적 특색활동의 내용(예시)

학교 생활 적응 영역	학습 습관 형성 영역
• 교실 · 학교 모습 알기 • 학교 시설물 사용하기 • 기본 생활 습관 익히기 • 안전하게 생활하기 • 바르게 인사하기 • 새로운 친구 사귀기 등	• 기본 학습 태도 익히기 • 학습 용구 바르게 사용하기 • 한글 기초 익히기 • 수 익히기 등

〈표 17〉 1학년 입학초기적응 활동 '신나는 학교' 내용구성(인천시교육청, 2014)

대주제	소주제	활동내용
학교에 왔어요	우리학교	입학식에 참여하기, 학교 이름 위치 알기
	우리교실	우리 학교와 내자리, 교실의 물건, 책상과 의자 바르게 사용하기, 질서있게 교실 드나들기
	바른 습관	수도와 화장실 사용, 몸 깨끗이 하기, 바른자세 익히기, 학용품 사용방법, 전 잇기 활동
	나를 소개해요	친구에게 나를 소개하기, 단정한 옷차림하기, 바른 인사법 알기, ㄱ,ㄴ,ㄷ 낱자 익히기
	안전한 생활	안전한 생활 하기, 친구와 사이 좋게 지내는 방법, 친구 이름 알기, ㄹ,ㅁ,ㅂ 낱자 익히기
	학교 구경	학교 시설물의 위치와 이름, 교실물건 정리, ㅅ,ㅇ ㅈ 낱자 익히기
우리모두 함께해요	일찍 일어나요	일찍 자고 일찍 일어나기, 칫솔질 하기
	함께 지켜요	차례대로 줄서기, 차례를 지켜 시설물 이용하기, 안전한 길로 다니기, 학습 용구의 올바른 사용법, 자기물건 관리, ㅊ,ㅋ,ㅍ,ㅎ 낱자 익히기
	즐겁게 지내요	때와 장소에 맞는 인사, 놀이터에서 놀기, 그림으로 그리기
	잘 듣고 말해요	바른 자세로 듣고 말하기, 크레파스로 색칠하기, 선의 형태 이해하기, ㅏ,ㅑ,ㅓ,ㅕ 낱자 익히기
	함께 하면 좋아요	친구와 즐겁게 놀이하기, 친구에게 피해 주지 않기, 약속 지키기
	소중한 사람	우리가족 소개하기, 친구와 협동하여 놀이하기, 친구의 좋은 점

대주제	소주제	활동내용
즐겁게 배워요	아름다운 세상	풀, 가위 바르게 사용하기, 쓰레기 분류하기, 점잇기 놀이, 여러 가지 색깔, ㅗ,ㅛ,ㅜ,ㅠ 낱자 익히기
	이야기 나라	이야기 듣고 전달하기, 여러 사람 앞에서 말하기, 바른말 고운말 사용하기, 친구 도와주기, ㅡ, ㅣ 낱자 익히기
	배우는 즐거움	놀이기구 안전하게 사용하기, 숫자 익히기, 상상하여 그림그리기, 끝말 잇기 놀이, 책가방 챙기는 법, 교과서 소개
부모교육	가정통신문, 알림장 활용하여 안내, 학부모 총회 및 학부모 상담 주간 활용	

2) 안전한 생활

2015 개정 초등교육과정에서 신설된 '안전한 생활'은 창의적 체험활동에서 운영되는 교과로 초등학교 1~2학년 학생들이 일상생활과 재난 상황에서 접하게 되는 위험을 알고 안전하게 생활하는 방법을 익혀 위험을 예방하고 위험 상황에 대처할 수 있는 능력을 기르는 데 중점을 둔 교과이다. 목표는 '일상생활 중에 직면하게 되는 위험한 상황에는 어떤 것이 있는지를 알고 대처하는 방법을 익혀 안전하게 생활한다'이다. 하위목표로는 첫째, 가정 · 학교 · 지역사회에서 일어나는 사건과 사고, 재난과 재해로부터 자신을 안전하게 지킨다. 둘째, 일상생활에 필요한 안전 규칙과 행동수칙을 익혀 위험 상황에 대처하며 안전 생활을 실천한다. 셋째, 안전하게 생활하는 데 필요한 자기관리 역량, 공동체 역량, 지식정보처리 역량을 기른다. '안전한 생활'에서는 위험을 식별하기, 예방하기, 위험 상황에서 벗어나기, 위험 상황을 알리기로 대표되는 기능을 익히는 데 중점을 둔다. 이를 구현하기 위해 생활안전, 교통안전, 신변안전, 재난안전의 4개 영역으로 구분하였다. '안전한 생활'은 독립적으로 가르치거나, '바른 생활', '슬기로운 생활', '즐거운 생활'의 각 영역(대주제) 또는 창의적 체험활동의 영역별 활동과 연계하여 지도할 수 있다(교육부, 2015a).

〈표 18〉 안전한 생활 및 성취기준

영역	성취기준
생활안전	[1] 교실과 특별실에서 활동할 때 질서를 지켜 안전하게 생활한다. [2] 학용품의 위험 요인을 알고 안전하게 사용한다. [3] 운동장이나 놀이터에서의 위험 요인을 알고 안전하게 놀이한다.
	[4] 가정에서 발생하는 사고의 종류를 알고 안전하게 생활한다. [5] 가정생활 도구의 안전한 사용법을 익힌다. [6] 응급 상황 발생 시 신고 등의 방법으로 주변에 알린다.
	[7] 현장체험학습이나 캠핑 등 야외 활동에서의 위험 요인을 알고 사고를 예방한다. [8] 일상생활에서 접하게 되는 여러 가지 시설물의 위험 요인을 알고 안전하게 이용한다. [9] 공중위생을 지키기 위한 여러 가지 방법을 알고 생활에서 실천한다.
교통안전	[1] 신호등과 교통 표지판을 알고 바르게 길을 건넌다. [2] 신호등이 없는 거리에서의 위험 요인을 알고 안전하게 보행한다. [3] 골목에서 놀 때의 위험성을 알고 바르게 대처한다.
	[4] 자전거를 탈 때 보호 장구를 착용하고 안전한 장소에서 탄다. [5] 자동차에서의 안전 수칙을 알고 실천한다. [6] 대중교통을 안전하게 이용하는 방법을 알고 실천한다.
신변안전	[1] 낯선 사람이 접근할 때의 대처 방법을 알고 바르게 행동한다. [2] 미아가 되었을 때의 대처 방법을 안다.
	[3] 집단 따돌림의 해로움을 알고 예방한다. [4] 학교폭력의 유형을 알고 대처한다.
	[5] 좋은 접촉과 나쁜 접촉을 구별하고 바르게 대처한다. [6] 가정폭력이 발생되었을 때 도움을 요청하는 방법을 안다.
재난안전	[1] 화재가 발생하는 요인을 알고 예방하는 생활을 한다. [2] 화재 발생 시의 대피 방법을 알고 안전하게 행동한다.
	[3] 지진, 황사, 미세먼지 등의 위험성을 알고 상황 발생 시 대처 방법을 적용한다. [4] 계절에 따른 자연 재난 발생 시의 행동요령을 익혀 생활화한다.

4. 유아교육기관과 초등학교 교수 · 학습방법 및 교육환경

1) 교수·학습방법 및 일과운영

유아가 초등학교를 입학했을 때 학교적응을 어렵게 하는 공통적인 요소로 교수 · 학습방법 및 일과운영의 변화를 들 수 있다. 유아교육기관은 다양한 놀잇감을 가지고 시 · 공간 측면에서 자유롭게 놀이를 통해서 학습을 한다면 초등학교에서는 놀이영역 대신에 정해진 책상과 의자에서 상당히 오랜 시간 동안 움직이지 않고 과제에 집중할 것을 요구받기도 한다(박은혜, 2006). 교수 · 학습방법의 경우, 전반적으로 유아교육기관은 누리과정 영역별 교육목표를 정하고 상황, 주제, 계절, 대상에 따른 학습경험을 중시하고 자율적으로 교사가 교재를 선정하여 다양한 내용으로 운영한다. 이에 반해 초등학교는 교수 · 학습 목표를 정하고 학습 준거 행동의 설정, 과제 세분화 및 위계적 계열화, 분석적인 교수 · 학습과정 등의 특징을 갖고 있으며 교육내용에 있어서도 표준화된 일관성 있는 경험을 제공하는 경향이 있다. 그러나 최근엔 초등학교 저학년의 경우 통합교육과정을 적용하여 활동, 주제, 놀이 중심의 교육을 강조하고 있는 실정이다. 특히 1학년 교과서 자체에 놀이중심, 개별학습 교수법이 반영되어 있고, 아동들의 흥미를 고려하여 구체물을 활용한 수업을 하기도 한다. 또한 학생-학생, 교구-학생, 교사-학생 간의 상호작용도 촉진시킬 뿐 아니라 개별아동의 속도를 고려한 놀이 활동의 기회를 제공하는 등 일체수업은 지양하고 개별학습 및 모둠학습을 적용하고 있다.

2015 개정 초등학교 교육과정에서 제시한 교수 · 학습에 따르면 초등학교는 교과목별 성취기준에 따라 다음과 같은 사항에 중점을 두고 교수 · 학습이 이루어지도록 하였다(교육부, 2015b). 첫째, 교과의 학습은 단편적 지식의 암기를 지양하고 핵심 개념과 일반화된 지식의 심층적 이해에 중점을 둔다. 둘째, 각 교과의 핵심 개념과 일반화된 지식 및 기능이 학생의 발달 단계에 따라 그 폭과 깊이를 심화할 수 있도록 수업을 체계적으로 설계한다. 셋째, 학생의 융합적 사고를 기를 수 있도록 교과 내, 교과 간 내용 연계성을 고려하여 지도한다. 넷째, 실험, 관찰, 조사, 실측, 수집,

노작, 견학 등의 직접 체험 활동이 충분히 이루어지도록 한다. 다섯째, 개별 학습 활동과 함께 소집단 공동 학습 활동을 통하여 협력적으로 문제를 해결하는 협동학습 경험을 충분히 제공한다. 여섯째, 학생이 능동적으로 수업에 참여하고 자신의 생각을 표현하는 기회를 가질 수 있도록 토의 · 토론 학습을 활성화한다. 일곱째, 학생에게 학습 내용을 실제적 맥락 속에서 적용하고 활용할 수 있는 기회를 충분히 제공한다. 여덟째, 학생이 스스로 자신의 학습 과정과 학습 전략을 점검하고 개선하며 자기주도적으로 학습할 수 있도록 지도한다.

또한 효과적인 교수 · 학습 환경 설계를 위해 초등학교는 다음과 같은 사항에 중점을 둔다(교육부, 2015b). 첫째, 교사와 학생 간, 학생과 학생 간 상호 신뢰와 협력이 가능한 교수 · 학습 환경을 제공한다. 둘째, 학생의 능력, 적성, 진로를 고려하여 교육 내용과 방법을 다양화하고, 학교의 여건과 학생의 특성에 따라 다양한 학습 집단을 구성하여 학생 맞춤형 수업을 하도록 한다. 셋째, 학교는 학습 결손을 보충할 수 있도록 특별 보충 수업을 운영할 수 있으며, 이에 대한 제반 운영 사항은 학교가 자율적으로 결정한다. 넷째, 교과의 특성에 맞는 다양한 학습이 이루어질 수 있도록 교과 교실제 운영을 활성화한다. 다섯째, 학교는 교과용 도서 이외에 교육청이나 학교에서 개발한 다양한 교수 · 학습 자료를 활용할 수 있다. 여섯째, 실험 실습 및 실기 지도 과정에서 학생의 안전사고를 예방하기 위해 시설 및 기계 기구, 약품, 용구 사용의 안전에 만전을 기한다.

누리과정에 제시된 교수 · 학습방법과 저학년 초등교육과정에 제시된 교수 · 학습방법을 비교하면 계속성과 계열성 측면에서 연계성을 이루고 있다. 첫째, 누리과정이 유아의 생활 속 경험을 소재로 하여 지식, 기능, 태도 및 가치를 습득하는 교수 · 학습방법을 강조하였는데 초등 저학년 교과에서도 이러한 교수 · 학습방법이 사용된다. 둘째, 누리과정이 유아와 교사, 유아와 유아, 유아와 환경 간에 능동적인 상호작용이 이루어지도록 하는 교수 · 학습방법을 강조하듯이 초등 저학년에서도 상호작용을 강조한다. 셋째, 누리과정이 주제중심의 다양한 활동을 통합적으로 운영하는 것과 같이 초등 저학년 교과도 대주제를 중심으로 바른 생활, 슬기로운 생활, 즐거운 생활 등의 통합교과를 통합하여 교수학습을 전개할 뿐 아니라 국어와 수학과도 연계하여 학습의 효율성을 극대화하도록 계획하여 운영한다. 넷째, 누리과정이 유아의 관심과 흥미, 발달이나 환경 특성 등을 고려하여 개별 유아에게 적합한 방식으로 학습하게 하듯이 초등학교 기초교과에서도 수준별 개별화교육을 강조한다(곽노의 외, 2012).

〔그림 3〕 수업장면

유아교육기관과 초등학교 저학년의 교수 · 학습방법을 살펴보면 다음 〈표 19〉와 같다(곽노의 외, 2012. 교육부, 2009).

〈표 19〉 유아교육기관과 초등학교 저학년의 일반적인 교수 · 학습방법

	유아교육기관	초등학교
교수 학습 방법의 원리	• 놀이 중심의 원리 • 생활 중심의 원리 • 개별화의 원리 • 자발성의 원리 • 탐구학습의 원리 • 구체성의 원리 • 다양성 및 융통성의 원리 • 통합의 원리 • 놀이중심의 통합적인 교육활동 • 다양한 상호작용 • 창의적 사고의 발달을 촉진하는 개방적 질문 • 지기표현 활동 • 지속적인 관찰과 적절한 지원 • 직접적이고 구체적인 경험 제공 • 토의하기 • 설명하기 • 계절, 주제, 행사 및 유아의 요구 등에 따른 흥미영역의 재구성	• 통합학습의 원리 • 개별화 학습의 원리 • 놀이중심의 학습원리 • 다양한 경험활동의 원리 • 자기주도적인 학습의 원리 • 구체적인 경험활동 • 여러 가지 구체적인 교수 · 학습 자료 활용 • 학습내용의 통합과 재조직 • 관련 교과의 연계와 통합 • 설명하기, 시범보이기, 질문하기, 활동하기 등의 직접교수법과 문제해결학습, 프로젝트 등의 다양한 방법 활용(주제학습, 프로젝트 학습, Rug meeting, 코너학습, 지그소우 학습, 토픽 학습, 자기플랜 학습, 블록 타임 연속 학습)

하루 일과운영의 경우, 유아교육기관은 하루일과가 주제, 흥미 및 발달수준 등에 따라 융통성 있게 운영되는 반면, 일반적으로 초등학교에서는 40분 수업과 10분 휴식이라는 규칙적인 일과운영이 이루어지고 있다. 이러한 일과의 변화 때문에 아동들은 신체적, 정서적으로 스트레스를 경험할 수 있으므로, 초등학교 입학 초기에는 이런 부분을 고려하여 운영한다. 입학 초기 적응 프로그램은 단위학교에서 자율적으로 운영하며 창의적 체험활동의 자율 활동 영역의 첫 주제인 '적응활동 · 입학, 전학 등에 따른 학교 적응 활동' 등과 연계하여 운영할 수 있다(교육과학기술부, 2009).

초등학교 저학년의 하루일과는 지역 및 학교에 따라 차이가 있으나 일반적으로 9시 이전에 시작한다. 아동들은 등교를 하면 아침활동이라고 하는 자율학습을 하는데 활동내용은 교사가 정하기도 하지만 아동이 스스로 선택해서 대부분 활동을 한다. 9시가 되면 정규 교과학습이 시작되는데 수업시간은 40분으로 이루어지며 1~2학년은 주 25시간(국어 7시간, 수학 4시간, 바른생활 2시간, 슬기로운 생활 3시간, 즐거운 생활 6시간, 창의적 체험활동 3시간) 수업이 이루어진다. 학급 시간표는 교육과정에 기초하여 구성되나 교과학습내용 및 주제특성에 따라 융통성있게 운영한다. 초등학교는 간식시간이 별도로 정해져 있지 않으나 1, 2교시 휴식시간에 우유를 간식으로 먹고 점심식사는 4교시 수업 후에 교실이나 급식실에서 진행한다.

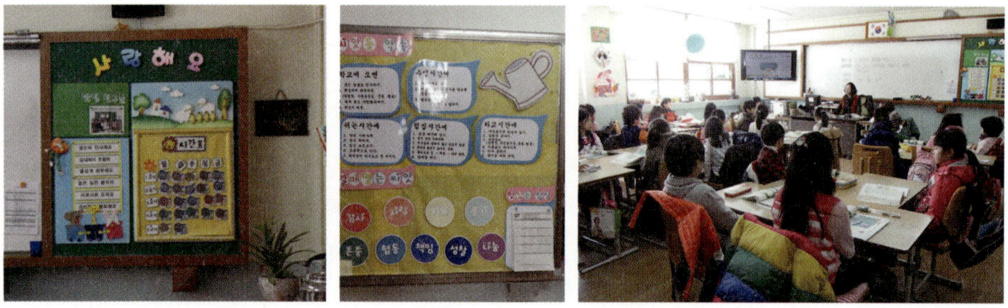

〔그림 4〕 하루일과

(2) 교육환경

교육환경의 경우, 유아교육기관은 교실 내·외에 흥미영역으로 구성되어 있고 주제에 따라 다양한 교재·교구가 제공되는 반면, 초등학교는 책걸상, 칠판, 멀티미디어 도구, 교탁, 사물함, 교구장 등으로 구성되어 있으며, 주간교육활동 자료를 추가 제시하는 정도일 뿐 실제적인 변화는 거의 없다. 이로 인해 초등학교 1학년 교육과정에서는 입학 초기 3월 한 달은 유아교육기관과 유사한 실내 환경구성을 권장하고 있지만, 실제 유아교육기관과의 연계를 고려한 환경구성을 시행하지 못하고 있다(김창복, 김민진, 2006).

최근 초등교육과정의 추세가 정보화, 개별화, 융합 교육을 강조함에 따라 초등학교 현장의 교육환경도 상당부분 변화하고 있다. 초등학교 저학년 교실에서도 유아교육기관과의 연계를 이루기 위한 노력의 일환으로 환경을 조금씩 변화시키려는 시도가 이루어지고 있다. 초등학교 저학년 교실은 유아교육기관의 교실처럼 흥미영역별로 구분되어 있지는 않지만, 교육과정의 통합교과 성격 및 교육내용의 주제에 따라 책상을 다양하게 배치하며 활동중심적인 다양한 교구들도 비치해 학습 분위기를 조성하고 있다(곽노의 외, 2012).

초등학교 실내환경은 크게 벽면구성, 코너영역, 사물함, 멀티시스템, 기타영역 등 5개 영역으로 구성된다. 벽면구성에는 작품판, 학습안내판, 기본 생활 습관 지도판, 학급특색판 등이 해당된다. 코너영역에는 독서영역, 재배관찰영역, 놀이영역, 작품영역 등이 있다. 마지막으로 기타영역에는 사물함, 시청각 기자재 및 담임교사가 구성한 영역 등이 있다(고정곤, 최태식. 2005).

〔그림 5〕 교실 실내 환경

전문적인 교육활동을 위한 특별실로 과학실, 컴퓨터실, 도서실, 실내체육실 등이 갖추어져 있고, 급식실과 보건실 등이 따로 배치되어 아동들의 생활을 돕는다.

〔그림 6〕 초등학교 특별실

초등학교의 실외 환경구성은 일반적으로 넓은 운동장, 실외놀이터, 꽃동산, 야외 학습장 등으로 이루어진다.

〔그림 7〕 초등학교 실외 환경구성

이상 살펴본 것에 기초하여 유아교육기관과 초등학교의 환경구성의 구성기준, 벽면, 교구 등을 살펴보면 다음 〈표 20〉과 같다.

〈표 20〉 유아교육기관과 초등학교의 환경구성

구분	유아교육기관	초등학교
구성 기준	유아의 자발적 놀이와 활동을 중심으로 하는 흥미 영역, 개인좌석 선택 가능	전면 주의집중이 수월하도록 지정 좌석 배치
벽면	활동결과물 활용 전시(월별, 주제별 교체)	학습결과물 활용 전시(분기별, 학기별, 계절별 교체)
교구	영역별, 주제별 교구와 놀이감	멀티미디어 기자재와 학습도구, 학급문고 및 놀이영역
시간 제한	자유선택활동, 대·소집단 활동, 간식시간, 바깥놀이, 점심식사 시간 등이 융통성 있게 운영	40분 수업, 10분 휴식을 준수하나, 블록타임, 연결수업 등으로 변형가능
특성	유아가 학습한다고 느끼기보다 놀이를 한다고 생각하며 스스로 놀이를 계획 실행 평가 해보기도 하며, 다양한 활동을 통해 전인적인 성장을 도전함	최근에는 수업형태에 따라 책상 배치, 시간기준 등을 융통성 있게 변형하며 교사의 재량으로 수업을 운영하고 있음. 자기주도적 학습 및 개별화 교육을 위한 다양한 활동 교구들을 비치함

유 · 초 연계교육 바로 알기

Ⅲ. 유·초 연계교육의 실천

1. 유·초 연계를 위한 교사실천

유 · 초 연계교육이 효과적으로 실행되기 위해서는 유 · 초 연계 교육에 대한 교사의 이해와 유아 및 부모를 위한 연계교육이 실시되어야 한다. 교사는 유 · 초 연계교육을 실천하는 주체이기 때문에 유아교육기관과 초등학교 교사 상호 간에 협력적인 관계를 형성하고, 상호 교육과정 내용을 정확하게 이해하는 것이 중요하며, 이러한 이해를 기초로 유아와 부모에 대한 연계교육을 실천해야 한다.

유 · 초 연계교육을 체계적으로 실천하기 위해서 첫째, 유아교사는 유 · 초 연계에 대한 이해를 돕는 교사연수에 참여하고, 초등학교 교사들과 교육과정을 이해하기 위한 공동 워크숍을 실시하는 것이 필요하다.

둘째, 유아교사는 누리과정과 초등학교 교육과정에 대한 이해를 기초로 교사의 유 · 초 연계 실천 계획, 그리고 유아 및 부모를 위한 연계교육을 포함한 유 · 초 연계 연간계획안을 수립하는 것이 필요하다. 이러한 유 · 초 연계 연간계획안을 통해서 체계적인 유 · 초 연계를 실천할 수 있으며, 유아 및 부모를 위한 교육도 종합적으로 구상할 수 있다.

셋째, 유아교육기관과 초등학교 교사들이 상호교육과정 내용을 보다 구체적으로 이해하고 연계성 정도를 파악하기 위해서 누리과정과 초등학교 교육과정, 누리과정 교사용 지도서와 초등학교 교과서 등의 내용 및 활동들을 상호 비교 · 분석해 보는 것이 필요하다. 또한 교수 · 학습 방법의 큰 차이로 초등학교에 적응하는 데 어려움을 겪는 아동들을 위하여 학습방법도 연계가 되도록 구성해야 한다.

넷째, 유아교육기관과 초등학교 교육과정, 교수-학습 방법, 교실 환경 등 교육운영의 실제를 이해하기 위하여 상호 수업참관과 수업분석 등의 자율장학을 시행하는 것이 필요하다. 수업 및 환경 등을 참관함으로 수업방법, 학급운영, 환경구성 등의 차이점과 공통점을 실제적으로 이해할 수 있으며, 연계성 있는 유아교육 및 초등학교 1학년 교육의 구성 및 운영 방향을 결정할 수 있을 것이다.

다섯째, 보다 효과적인 유·초 연계교육을 실천하기 위해서는 1년 동안 유·초 연계를 위한 교사실천, 유아교육, 부모교육 등의 수행 정도를 평가하는 것이 중요하다. 이러한 평가내용을 차기년도 유·초 연계 교육에 반영하여 지속적으로 개선해 나가는 것이 필요하다.

이러한 교사의 노력과 실천은 효과적인 유·초 연계뿐 아니라 교직전문성을 발달시키고, 교육과정을 이해하는 교원의 역량(신은수 외, 2010)을 증진시키는 기회가 될 것이다. 교사를 위한 유·초 연계 연간계획안(〈표 21〉)의 내용은 다음과 같다.

〈표 21〉 교사를 위한 유·초 연계 연간계획안

시기	활동명	활동내용	활동유형
1~2월	유·초 연계교육 연수 참여하기	유·초 연계교육의 개념, 필요성, 교육과정 내용에 대한 연수 참여하기	강의
1~2월	상호 교육과정 이해하기	누리과정과 초등학교 1학년 교육과정 내용에 대해서 초등교사와 유아교사 공동 협의회나 워크숍 실행하기	협의회 및 워크숍
2~3월	유·초 연계 계획 수립하기	교육과정 내용에 대한 이해를 기초로 교사의 유·초 연계 실천, 유아 및 부모 유·초 연계 연간계획안 작성하기	협의회
4~5월	누리과정 교사용 지도서와 초등학교 교과서 분석하기	누리과정 교사용 지도서와 초등학교 교과서의 활동들의 연계성 분석하기	협의회 및 워크숍
6, 10월	유아교육기관과 초등학교 수업참관하기	유아교육기관과 초등학교 상호 수업 및 시실 등 참관하기	수업 참관
12~2월	유·초 연계 평가하기	1년 동안 수행한 유·초 연계를 위한 교사실천, 유아교육, 부모교육 등의 수행 정도를 평가하고 다음 년도의 계획안에 반영하기	협의회 및 저널쓰기

활동 1

유·초 연계교육 연수 참여하기

□ 활동 목표

○ 유 · 초 연계교육에 대해서 관심을 갖는다.

○ 유 · 초 연계교육이 왜 필요한지를 인식하고 중요성에 대해서 안다.

○ 유아교육기관과 초등학교 교육과정이 상호 어떻게 운영되고 있는지를 이해하고, 교육과정의 밀접한 관계성을 인식한다.

□ 참석 대상

○ 유아교사, 초등학교 교사

□ 활동 시기

○ 1~2월

□ 활동 방법

○ 강의

□ 활동 내용

○ 연계교육의 개념, 유아교육기관과 초등학교 저학년 연계교육의 필요성에 대해서 설명한다.

○ 누리과정과 초등학교 1학년 교육과정 목표, 내용, 방법, 운영을 설명하고, 비교 · 분석한다.

□ 기대효과

○ 유아교사와 초등학교 교사가 한 자리에 모여 함께 연수를 받으므로 관계형성의 기회를 제공할 수 있다.

○ 유 · 초 연계교육에 대한 관심이 높아짐으로써 상호 기관별 개방이 용이해질 수 있다.

○ 유 · 초 연계교육 계획 수립에 대한 적극적인 동기 부여가 될 수 있다.

□ 유의점

○ 초등학교 교사는 해마다 학년이 바뀜에 따라 1학년 담당교사뿐만 아니라 전체 교사가 연수에 참여할 수 있도록 한다.

○ 교육청 또는 지자체에서 주관하는 관련 연수를 적극적으로 활용한다.

○ 연수 참여가 어려운 경우에는 누리과정과 초등학교 교육과정, 교수방법, 환경 등에 대해서 워크숍이나 협의회를 진행할 수 있다.

활동 2

상호 교육과정 이해하기

□ 활동 목표

○ 유-초 연계교육에 대해 관심을 갖는다.

○ 누리과정 운영 및 내용, 초등학교 1학년 교육과정 운영 및 내용에 대해서 안다.

○ 상호 교육과정 운영에 대한 이해를 통해 연계할 수 있는 교육내용 및 활동에 대해서 안다.

□ 활동 시기

○ 1~2월

□ 활동 유형

○ 교사협의회 및 워크숍

□ 활동 내용

○ 상호 교육과정 내용을 살펴본다.

○ 유 · 초 교육과정의 체계적인 연계를 위한 구체적인 계획과 실천 방법에 대해 협의한다.

○ 교육과정 운영 시 연계할 수 있는 교육내용 및 교육활동, 공동행사를 협의한다.

○ 상호 교육과정 운영을 위한 수업 사례를 소개한다.

○ 학교급 간의 특성을 알아보고 유 · 초 연계교육 시 고려할 교수학습방법에 대해서 이야기한다.

□ 기대효과

○ 체계적으로 유 · 초 연계된 교육활동을 계획하고 실천할 수 있다.

○ 공식적인 학교급 간의 상호 교류활동을 통해 유 · 초 연계교육이 활성화될 수 있다.

○ 다양한 측면(교육환경, 교수학습방법, 교재 · 교구, 교육행사 등)에서 상호 개방을 기대할 수 있다.

□ 자료

○ 누리과정 교사용 지도서

○ 초등학교 교과서

□ 유의점

○ 유아교사와 초등학교 교사가 함께 워크숍에 참여하도록 한다.

○ 협의회 실시 및 결과를 공문으로 발송하여 공식적인 학교급 간의 교류활동이 되도록 한다.

활동 3 유·초 연계 계획 수립하기

□ 활동 목표

○ 교사, 유아, 부모를 위한 유 · 초 연계 연간계획안의 필요성을 인식한다.

○ 유아, 부모를 위한 종합적인 유 · 초 연계 교육내용 및 교육활동 등을 구상한다.

□ 활동 시기

ㅇ 2~3월

□ 활동 방법

ㅇ 교사협의회

□ 활동 내용

ㅇ 교사를 위한 유·초 연계 실천 연간계획을 수립한다.

ㅇ 유아를 위한 유·초 연계 연간교육계획을 수립한다.

ㅇ 부모를 위한 유·초 연계 연간교육계획을 수립한다.

〈유·초 연계 연간계획안의 예〉

<table>
<tr><th colspan="2">시기(생활주제)</th><th>교사실천 활동</th><th>유아교육 활동</th><th>부모교육 활동</th></tr>
<tr><td rowspan="4">1학기</td><td>1~2월</td><td>• 유·초 연계교육 연수 참여하기(강의)
• 상호교육과정 이해하기(협의회 및 워크숍)</td><td></td><td></td></tr>
<tr><td>3월
(유치원/어린이집과 친구)</td><td>• 유·초 연계 계획 수립하기(협의회)</td><td rowspan="2">• 반이름이 궁금해요(이야기 나누기)
• 실내에서 바르게 걸어다녀요(신체표현)
• 다른 유치원/어린이집의 친구와 전화해요(언어)</td><td rowspan="3">• 초등학교 1학년 학부모 경험 나누기(간담회/토론)
• 초등학교 1학년 교육과정 이해하기(강의 및 워크숍)</td></tr>
<tr><td>4월
(유치원/어린이집과 친구)</td><td rowspan="2">• 누리과정 교사용 지도서와 초등학교 교과서 분석하기(협의회 및 워크숍)</td></tr>
<tr><td>5월
(우리동네)</td><td>• 초등학교 형님과 편지 주고받기(언어)
• 초등학교 도서관 이용하기(이야기 나누기/현장체험)</td></tr>
</table>

<table>
<tr><th colspan="2">시기(생활주제)</th><th>교사실천 활동</th><th>유아교육 활동</th><th>부모교육 활동</th></tr>
<tr><td></td><td>6~7월
(건강과 안전)</td><td>• 유아교육기관과 초등학교 수업참관하기
(수업참관)</td><td>• 하루 일과 시간표 비교하기(수조작)
• 초등학교 점심시간(현장체험)</td><td></td></tr>
<tr><td rowspan="3">2학기</td><td>9월
(교통기관)</td><td></td><td>• 초등학교 가는 길 구성하기(쌓기)</td><td rowspan="3">• 자녀의 기초역량 파악하기(워크숍)
초등학교 준비 부모 오리엔테이션(강의)
• 초등학교에서의 학부모 참여활동 소개하기(강의)</td></tr>
<tr><td>10~11월
(생활도구)</td><td>• 유아교육기관과 초등학교 수업참관하기(수업참관)</td><td>• 책가방을 싸요(게임)
• 바르게 연필잡은 손(이야기 나누기)</td></tr>
<tr><td>12~2월
(졸업)</td><td>• 유 · 초 연계 평가하기
(협의회 및 저널쓰기)</td><td>• 초등학교에서 배우는 책(게임)
• 초등학교 간다네(음률)
• 초등학교 체험하기(현장체험)
• 졸업생 형님들과 인터뷰하기(언어)</td></tr>
</table>

□ 기대효과

ㅇ 체계적이고 실질적인 유 · 초 연계교육 연간계획을 수립할 수 있다.

ㅇ 교사, 유아, 부모를 포괄하는 총체적인 유 · 초 연계교육을 도모할 수 있다.

□ 자료

ㅇ 전년도 유 · 초 연계 연간계획안 자료

□ 유의점

ㅇ 유 · 초 연계 연간계획 수립 시, 초등학교 교사들과 협의하고 초등학교의 연간계획안(학교홈페이지 참조)을 참조한다.

활동 4

누리과정 교사용 지도서와 초등학교 교과서 분석하기

□ 활동 목표

○ 누리과정과 초등교육과정의 연계성(계속성, 계열성 등)에 관심을 가진다.

○ 누리과정 교사용지도서와 초등학교 저학년 교과서 내용에 대해서 안다.

□ 활동 시기

○ 4~5월

□ 활동 유형

○ 협의회 및 워크숍

□ 활동 내용

○ 누리과정 교사용지도서와 초등학교 저학년 교과서 내용을 살펴본다.

○ 누리과정 교사용지도서와 초등학교 저학년 교과서에 제시된 활동 간의 연계성 여부를 알아본다.

○ 분석한 결과를 토대로 유아교육 실천 방안에 대해서 모색한다.

〈누리과정 교사용지도서와 초등학교 저학년교과서 활동의 연계성 분석 예〉

연계 구분	생활주제	누리과정 교사용 지도서 활동명	초등학교 교과서 활동명
반복	가족	우리 가족을 위한 선물상자를 꾸며요(자유선택 : 미술)	감사 카드 만들기(즐거운 생활)
	우리나라	평절과 큰절을 해요(이야기나누기)	우리의 인사(바른 생활)
심화 확대	가족	나도 집안일을 도울 수 있어요(신체활동)	집안일(조사하기)
	우리나라	우리나라를 빛낸 옛날 사람들(게임)	우리나라를 빛낸 사람들(탐구활동)
역행	우리나라	여러 가지 우리 옷(이야기나누기)	우리의 옷(탐구활동, 미술활동)
		우리나라 집 사전 만들기(언어: 만들기)	우리의 집(탐구활동)
소멸	가족	반말쟁이 민지(동극)	
격차			스스로 공부해요(바른 생활)

□ 기대효과

○ 유아교육기관과 초등학교의 연계성을 고려한 체계적인 유아교육계획을 수립할 수 있다.

○ 상호 교육기관의 교육내용에 대한 이해를 증진한다.

□ 자료

○ 누리과정 교사용지도서

○ 초등학교 교과서

□ 유의점

○ 동일한 주제의 활동들을 비교 · 분석한다.

○ 활동들의 반복, 심화 및 확대, 역행, 소멸 등의 연계성 정도에 근거하여 비교 · 분석한다.

활동 5

유아교육기관과 초등학교 수업참관하기

□ 활동 목표

○ 학교급 간의 상호 수업에 대해 이해한다.

○ 수업 참관을 통해 교수학습방법의 연계성을 모색한다.

○ 학습자의 특성을 이해하게 되며 상호 교육계획안을 이해한다.

□ 참석 대상

○ 유아교사, 초등학교 1학년 교사

□ 활동 시기

○ 6, 10월

□ 활동 방법

○ 수업참관

□ 활동 내용

○ 사전 협의회를 통해서 수업 참관 일정과 교육내용 및 활동을 협의한다.

○ 수업과 관련된 교수학습방법, 교수매체 활용, 교수학습지도안 등을 사전에

제출한다.

○ 사후 협의회를 통하여 유 · 초 연계교육에 도움이 될 수 있는 교수학습방법에 대해서 의논한다.

○ 학습자의 발달 특성을 이해할 수 있는 수업 평가 방법에 대해서 협의한다.

○ 학교급 간의 평상시 수업연구 방법을 협의하여 질적인 유 · 초 연계교육이 이루어질 수 있도록 한다.

□ 기대효과

○ 수업 연구를 통해서 학교급 간의 전문성 향상을 이룰 수 있다.

○ 학습자의 발달 특성을 고려한 교수 · 학습방법을 이해할 수 있다.

□ 자료

○ 교육계획안, 사전 · 사후 협의록(수업 관찰 기준 포함)

□ 유의점

○ 수업참관이 어려운 경우에는 수업동영상을 본다.

활동 6 유·초 연계 평가하기

□ 활동 목표

○ 1년 동안 진행된 유 · 초 연계교육의 실천 수준에 대해서 평가한다.

○ 평가를 근거로 다음 년도의 유 · 초 연계교육을 체계적으로 수행한다.

□ 참석 대상

○ 유아교사, 초등학교 1학년 교사

□ 활동 시기

ㅇ 12~2월

□ 활동 방법

ㅇ 협의회 및 저널쓰기

□ 활동 내용

ㅇ 교사의 유 · 초 연계 실천 계획을 근거로 실천한 사항과 실천되지 못한 사항, 개선 방향 등에 대해서 평가하고 협의한다.

ㅇ 유아를 위한 유 · 초 연계교육 계획을 근거로 실천한 사항과 실천하지 못한 사항, 개선 방향 등에 대해서 평가하고 협의한다.

ㅇ 부모를 위한 연계교육 계획을 근거로 실천한 사항과 실천하지 못한 사항, 개선 방향 등에 대해서 평가하고 협의한다.

ㅇ 다음 년도의 유 · 초 연계교육을 위해 반영할 사항에 대해서 정리한다.

□ 기대효과

ㅇ 다음 년도의 유 · 초 연계교육을 체계적으로 수행한다.

ㅇ 참여한 교사의 전문성 향상을 이룰 수 있다.

□ 자료

ㅇ 유 · 초 연계 실행 관련자료

□ 유의점

ㅇ 협의회가 어려운 경우에는 개인별 저널쓰기 등을 통해서 평가를 실시한다.

2. 유·초 연계를 위한 유아교육

유아를 위한 유 · 초 연계교육은 학습적인 측면뿐 아니라 초등학교 생활 전반에 거쳐 학교생활적응, 기본 생활 습관, 또래관계 및 사회적 기술 등의 교육활동을 포함하는 것이 바람직하다. 특히 유 · 초 연계교육을 계획할 때는 개별유아의 흥미, 발달, 능력을 고려한 교육이 이루어지도록 한다. 유아의 초등학교 적응을 위해서는 말하기, 듣기, 읽기, 쓰기 관련 기초학습능력 및 학업수행 능력, 교사 및 또래와의 관계와 공동체 행동 등의 사회적 능력, 학교생활 태도, 학교 규범준수, 자조기술 등이 필요하다.

이에 초등학교 적응을 위한 유·초 연계교육의 영역으로 기초 학습, 학교생활적응, 기본 생활 습관, 또래관계를 경험할 수 있는 교육활동을 제시하였다. 유아를 위한 유·초연계를 위한 연간교육계획안(〈표 22〉), 주간교육계획안(〈표 23〉), 일일교육계획안(〈표 24〉)의 예시와 활동은 다음과 같다.

〈표 22〉 유·초 연계를 위한 연간교육계획안

월(주제)	활동명	활동유형	내용	적응영역
3~4월 (유치원/어린이집과 친구)	반 이름이 궁금해요	이야기 나누기	유치원/어린이집 반 이름과 초등학교의 반이름 비교하기	학교생활적응
	실내에서 바르게 걸어다녀요	신체 표현	실내에서의 바른 통행 방법 알고 실천하기	기본 생활 습관
	다른 유치원/어린이집의 친구와 전화해요	언어	다른 유치원/어린이집 친구들과 화상 통화하기	또래관계
5월 (우리동네)	초등학교 형님과 편지주고받기	언어	초등학교 형님에게 편지를 주고 받기	또래관계
	초등학교 도서관 이용하기	이야기 나누기 현장체험	학교 도서관 바르게 이용하기	학교생활적응
6~7월 (건강과 안전)	하루 일과 시간표 비교하기	수조작	초등학교 시간표 관찰하기 유치원/어린이집 일과 시간표 함께 만들기	기초 학습 학교생활적응
	초등학교 점심시간	현장 체험	급식실 이용하는 방법 알기	기본 생활 습관
9월 (교통기관)	초등학교 가는 길 구성하기	쌓기	초등학교 가는 길을 블럭으로 구성하기	학교생활적응
10~11월 (생활도구)	책가방을 싸요	게임	시간표에 맞추어 책가방 싸기	학교생활적응
	바르게 연필잡은 손	이야기 나누기	바른 자세로 연필 잡는 법 알기	기초 학습
12~2월 (졸업)	초등학교에서 배우는 책	게임	초등학교 교과서 탐색하기	기초 학습
	초등학교 간다네	음률	'초등학교 간다네' 새 노래 배우기	학교생활적응

월(주제)	활동명	활동유형	내용	초등학교 적응 영역
12~2월 (졸업)	초등학교 체험하기	현장 체험	초등학교 주변 돌아보기	학교생활적응
	졸업생 형님들과 인터뷰하기	언어	초등학교 생활 질문하기	학교생활적응 또래관계

〈표 23〉 유 · 초 연계교육을 위한 주간교육계획안 예시

<table>
<tr><td colspan="2">연 령</td><td colspan="2">만 5 세</td><td>시 기</td><td colspan="2">2016년 2월 1주</td></tr>
<tr><td colspan="2">생활주제</td><td colspan="2">졸업</td><td>주 제</td><td colspan="2">초등학교에 가요</td></tr>
<tr><td colspan="2">목 표</td><td colspan="5">• 초등학생이 되어 달라지는 점에 대해 알아본다.
• 초등학교의 모습과 생활에 대한 관심과 기대감을 갖는다.
• 초등학교에 대한 자신의 생각과 느낌을 이야기한다.</td></tr>
<tr><td colspan="2">날짜/요일</td><td>1일 (월)</td><td>2일 (화)</td><td>3일 (수)</td><td>4일(목)</td><td>5일(금)</td></tr>
<tr><td colspan="2">소주제 / 활동</td><td>초등학교가 궁금해요</td><td colspan="2">초등학교 생활에 관심 가지기</td><td>초등학교 모습에 관심가지기</td><td>일학년이 되면</td></tr>
<tr><td rowspan="5">자유 선택 활동</td><td>쌓기 · 역할 영역</td><td colspan="5">초등학교 가는 길 / 초등학교 놀이</td></tr>
<tr><td>언어 영역</td><td colspan="5">친구들에게 롤링페이퍼 / 초등학교 형님과 인터뷰하기</td></tr>
<tr><td>수 · 조작영역</td><td colspan="5">유치원/어린이집과 초등학교 비교하기</td></tr>
<tr><td>미술 영역</td><td colspan="5">초등학교 시간표 만들기 / 내가 다니고 싶은 초등학교의 모습 그리기</td></tr>
<tr><td>과학 영역</td><td colspan="5">초등학교 홈페이지 탐색하기</td></tr>
<tr><td rowspan="5">대 · 소집단 활동</td><td>이야기 나누기</td><td>초등학교가 궁금해요</td><td>초등학교에서 배우는 책</td><td>초등학교 선생님</td><td>초등학교에 가요!</td><td>우리 초등학교는?</td></tr>
<tr><td>동화 · 동시</td><td colspan="5">동화) 할아버지는 1학년, 선생님은 모르는 게 너무 많아 동시) 졸업</td></tr>
<tr><td>음악</td><td colspan="5">졸업가 연습하기 동요) 초등학교 간다네</td></tr>
<tr><td>게임</td><td colspan="5">초등학교에서 배우는 책</td></tr>
<tr><td>현장체험</td><td colspan="5">초등학교 체험하기</td></tr>
<tr><td colspan="2">바깥놀이</td><td colspan="5">초등학교 가는 길</td></tr>
<tr><td colspan="2">기본 생활 습관</td><td colspan="5">실내에서의 바른 통행 방법 실천하기</td></tr>
<tr><td colspan="2">안전교육</td><td colspan="5">백화점, 식당, 도서관 등 공공장소에서 지켜야 할 안전</td></tr>
<tr><td colspan="2">그림책 소개</td><td colspan="5">1학년이 되었어요/ 해와나무 출판사/ 차태란 글/ 정일호 사진/ 박태희 그림</td></tr>
<tr><td colspan="2">부 모 교 육</td><td colspan="5">너와 내가 함께 '협력'</td></tr>
<tr><td colspan="2">소식</td><td colspan="5">아이들과 행복했던 기억들은 좋은 추억으로 아이들의 기억 속에 남아있을 것입니다. 우리 행복반 아이들은 1년간 초등학교와 연계된 활동으로 체계적인 유 · 초 연계 교육이 이루어졌습니다. 초등학교 생활도 잘 적응할 수 있을 것이며 입학 전 준비 사항과 관련 자료를 보내드리오니 참고하시고 궁금하신 점이나 도움이 필요한 것은 담임교사나 기관으로 언제든 연락주시기 바랍니다.</td></tr>
</table>

〈표 24〉 유 · 초 연계를 위한 일일계획안 예시

<table>
<tr><td>연 령</td><td>만5세</td><td>시 기</td><td>2016년 2월 4일 목요일</td><td>수업일수</td><td>181/184</td></tr>
<tr><td>생활주제</td><td>졸업</td><td>주 제</td><td>초등학교에 가요</td><td>소주제</td><td>초등학교 모습에 관심가지기</td></tr>
<tr><td>목 표</td><td colspan="5">- 초등학교의 모습에 대한 관심을 갖는다.
- 유치원/어린이집과 초등학교의 같은 점과 다른 점을 찾아보는 경험을 한다.
- 실외에서 안전하게 이동하는 방법을 알고 실천한다.</td></tr>
<tr><td>초등학교 교육과정 관련요소</td><td colspan="5">• 바른 생활 : 학교 - 학교생활에 필요한 규칙과 약속을 정해서 지킨다.
• 즐거운 생활 : 학교 - 학교와 학교생활을 다양한 방법으로 표현하며 학교 놀이를 한다.
• 슬기로운 생활 : 학교 - 학교 안과 밖, 교실을 둘러보면서 위치와 학교생활 모습 등을 알아본다.</td></tr>
<tr><td>일과 시간표</td><td colspan="5">09:00 등원(유아 맞이하기, 인사하기, 건강 · 기분 체크하기)
09:00 ~ 10:00 자유선택활동
10:00 ~ 10:10 간식, 화장실 나너오기
10:10 ~ 11:10 현장체험
11:10 ~ 11:40 동화 감상
11:40 ~ 12:20 점심
12:20 ~ 12:40 바깥놀이
12:40 ~ 13:00 평가, 안전교육 및 귀가지도</td></tr>
<tr><td>시간/활동명</td><td>활동 목표</td><td colspan="2">활동 내용</td><td>자료 및 유의점</td><td>평가</td></tr>
<tr><td>등원</td><td>- 바르게 인사할 수 있다.</td><td colspan="2">- 유아들을 반갑게 맞이한다.
(선생님, 안녕하세요, 친구들아 반가워~ 사랑해~)
- 유아들의 기분과 건강 상태를 파악한다.</td><td>녹음기, 클래식 감상곡</td><td></td></tr>
<tr><td>자유선택 활동</td><td>-내가 다니게 될 초등학교의 모습에 관심을 가진다.

-초등학교의 모습을 그림으로 나타낼 수 있다.</td><td colspan="2"><table><tr><td>쌓기 · 역할</td><td>초등학교 가는길/초등학교 놀이</td></tr><tr><td>수조작</td><td>유치원/어린이집과 초등학교 비교하기</td></tr><tr><td>미술</td><td>학교 시간표 만들기/내가 다니고 싶은 초등학교의 모습 그리기</td></tr><tr><td>과학</td><td>초등학교 홈페이지 탐색하기/초등학교에서 사용하는 물건 관찰하기</td></tr><tr><td>언어</td><td>1학년이 되었어요 동화책 읽기
우리반 친구들에게 롤링페이퍼</td></tr></table></td><td></td><td></td></tr>
</table>

<table>
<tr>
<td>자유선택
활동</td>
<td>-내가 다니게 될 초등학교의 모습에 관심을 가진다.

-초등학교의 모습을 그림으로 나타낼 수 있다.</td>
<td>〈미술영역〉 내가 다니고 싶은 학교의 모습 그리기

5세 누리과정 관련요소
• 예술경험 〉 예술적 표현하기 〉 미술활동으로 표현하기
• 예술경험 〉 아름다움 찾아보기 〉 미술적 요소 탐색하기

① 유아들이 갈 실제 초등학교 사진을 보면서 초등학교의 모습을 살피고, 초등학교에 대해 이야기 나눈다.

② 내가 다니고 싶은 초등학교를 상상해 보고 이야기를 나눈다.

③ 도화지에 '가고 싶은 초등학교 그리기'를 한다.

④ '가고 싶은 초등학교 그리기' 활동이 끝나면 자리를 정리한다.

⑤ 유아들이 그린 '가고 싶은 초등학교'는 미술영역에 전시하여 자유롭게 감상할 수 있도록 한다.

⑥ 활동을 마무리하며 이야기 나눈다.</td>
<td>그림을 그릴 종이류, 그리기 도구와 꾸미기재료

다양한 재료와 꾸미기 재료를 준비하여 창의적인 방법으로 표현하도록 허용적인 분위기를 조성한다.</td>
<td>①내가 다니게 될 초등학교의 모습에 관심을 가지는지 평가한다.

②초등학교의 모습을 그림으로 나타낼 수 있는지 평가한다.</td>
</tr>
<tr>
<td>간식,
화장실
다녀오기</td>
<td></td>
<td>① 바른 자세로 간식을 먹는다.

② 화장실 이용 후 손을 씻는다.</td>
<td></td>
<td></td>
</tr>
<tr>
<td>현장체험</td>
<td>-학교의 다양한 시설물에 관심을 가진다.

-견학을 통해 학교에 대한 두려움을 없앤다.

-규칙을 지키며 실외에서 안전하게 이동한다.</td>
<td>〈이야기 나누기〉 초등학교 체험하기

5세 누리과정 관련요소
• 사회관계 〉 다른 사람과 더불어 생활하기 〉 공동체에서 화목하게 지내기
• 의사소통 〉 말하기 〉 느낌, 생각, 경험 말하기

① 우리 동네에 있는 초등학교 사진을 보며 이야기 나눈다.

② 초등학교에 대해 궁금한 것을 이야기한다.

③ 모둠별로 생각을 모아서 궁금한 점을 질문목록으로 만든다.</td>
<td>견학 시 준비물 (비상약, 물티슈, 비상연락망 등), 유아들이 만든 궁금한 질문 목록표</td>
<td>①초등학교 방문과 관련해 초등학교 관계자와 시간 및 방문할 장소를 를 조율한다.

② 초등학교의 다양한 시설들을 체험할 수 있도록 한다.</td>
</tr>
</table>

현장체험		④ 초등학교를 돌아볼 때 주의할 점에 대해 이야기한다. ⑤ 초등학교로 견학을 간다. - 궁금한 곳이 어디니? ⑥ 준비한 질문목록을 보고 모둠별로 초등학교에 근무하는 분들께 궁금한 점을 여쭤본다. ⑦ 초등학교에 다녀온 후 사진을 보며 초등학교에 대해 이야기한다.		
동화감상	-초등학교에 관심을 가지며 동화를 즐겁게 듣는다. -동화를 듣고 자신의 생각을 이야기할 수 있다.	〈동화 감상〉 처음 학교 가는 날 **5세 누리과정 관련요소** • 의사소통 〉 듣기 〉 동요, 동시, 동화 듣고 이해하기 • 의사소통 〉 말하기 〉 느낌, 생각, 경험 말하기 ① 책 제목 보고 무슨 내용일지 상상해 본다. ② 동화책 속의 내용 회상하고 기억에 남는 점 이야기 나눈다.	 	
점심	-음식을 골고루 먹는다.	〈점심식사〉 바르게 식사해요. ① 오늘의 식단표를 보며 이야기 나눈다. ② 식사하러 갈 때 방법, 식사하고 나서 잔반 처리방법을 이야기 나눈다.		
바깥놀이	- 음악에 맞추어 자유롭게 신체표현을 하며 초등학교 가는 길에 대한 기대감을 갖는다.	〈바깥놀이〉 초등학교 가는 길 ① 재료를 탐색하며 어떤 활동일지 이야기 나눈다. ② 초등학교를 가면 어떤 느낌일지 이야기 나눈다. ③ '학교 가는 길' 음원을 들어보고 느낌을 나눈다. ④ '학교 가는 길' 신체로 표현하기 활동 방법을 알아본다.	① 유아들이 연주곡을 충분한 감상 한 후에 활동을 할 수 있도록 지도한다. ② 다양한 학교의 느낌을 표현한 노래를 찾아 감상할 수 있도록 한 후 느낌을 비교해 보는 활동을 한다.	① 학교 가면서 느끼는 감정에 관심을 갖는지 평가한다. ② 음악을 감상하고 신체를 이용하여 표현하는지 평가한다.

바깥놀이		⑤ '학교 가는 길' 신체로 표현하기 활동을 할 때 지켜야 할 약속에 대해 이야기한다. ⑥ '학교 가는 길' 신체로 표현하기 활동을 한다. ⑦ 정리를 한 후 활동 평가를 한다.	③ 날씨에 따라 바깥에서 신체표현활동을 진행할 수 있다.	③ 자신의 느낌을 자유롭게 표현하는지 평가한다.
평가, 안전교육 및 귀가지도	집에 돌아갈 때 안전하게 길을 걷는다.	① 오늘 활동을 회상해 보고 즐거웠던 일들을 이야기해 본다. ② 안전하게 귀가하는 방법을 약속한다.		
유아평가				

활동 1

반 이름이 궁금해요

<table>
<tr><td>생활주제</td><td colspan="2">유치원과 친구</td><td colspan="2">주제</td><td>유치원의 환경</td></tr>
<tr><td>활동유형</td><td colspan="2">이야기나누기</td><td colspan="2">적응영역</td><td>학교생활적응</td></tr>
<tr><td>활동목표</td><td colspan="5">• 반 이름이 갖고 있는 의미에 대해 안다.
• 반훈을 정하며 학급 공동체의식을 가진다.
• 초등학교의 반에 관심을 가진다.</td></tr>
<tr><td rowspan="2">교육활동</td><td>유치원 교육활동</td><td rowspan="2">➡</td><td>유·초 연계교육활동</td><td rowspan="2">➡</td><td>초등학교 교육활동</td></tr>
<tr><td>▷ 반 이름의 의미 알아보기
▷ 반훈 정해보기
▷ 우리반의 로고 만들기</td><td>▷ 초등학교의 반 이름 알아보기
▷ 내가 입학할 초등학교 1학년 학급수 알아보기</td><td>▷ 우리 반 이름, 내 번호 알아보기
▷ 급훈 정해보기</td></tr>
<tr><td>교육과정 관련요소</td><td colspan="5">〈누리과정〉
· 의사소통: 읽기 - 읽기에 흥미 가지기
· 사회관계: 사회에 관심 갖기 - 지역사회에 관심 갖고 이해하기
· 자연탐구: 수학적 탐구하기 - 수와 연산의 기초 개념 형성하기
〈초등학교 교육과정〉
· 슬기로운 생활: 학교 - 학교 안과 밖, 교실을 둘러보면서 위치와 학교생활 모습 등을 알아본다.</td></tr>
</table>

가. 활동자료

활동지: ~한 ○○반, 초등학교 학급 팻말 사진

나. 활동방법

1) 우리 반 이름이 가지고 있는 의미에 대해 이야기 나눈다.
   - 우리 반의 이름을 알고 있니?
   - 왜 우리 반의 이름을 ○○으로 정했을까?

〈상호작용의 예〉

- 동물 이름을 반 이름으로 정한 경우

· 너희들은 토끼하면 무엇이 생각나니?
· 토끼에 관한 이야기 가운데 알고 있는 것이 있니?
· 왜 우리 반의 이름을 토끼반이라고 정했을까?
· 너희들은 토끼의 어떤 점을 닮고 싶니?

2) 친구들과 협력하여 ○○반의 반훈을 정해본다.
- 여기에 '_______하고 ________한 ○○반'이라는 글씨가 쓰여 있는 종이가 있어.
- 우리 반이 어떤 반이 되면 좋겠는지 잘 생각한 다음에 생각나는 말을 적어보자.

3) 초등학교의 반 이름은 무엇인지 알아본다.
- 유치원에서는 반 이름이 무지개반, 해그림반, 행복반 이런 이름인데 유치원을 졸업하고 초등학교에 가면 어떤 이름을 쓸까?
- (초등학교 학급 팻말 사진을 보며) 1-1, 1-2는 무슨 뜻일까?
- 1학년 학생의 숫자가 많으면 반이 많아질까? 적어질까?

4) 내가 입학할 초등학교는 1학년이 몇 반까지 있는지 알아본다.
- 내가 입학할 초등학교는 몇 반까지 있을까?
- 집에 가서 부모님과 함께 내가 입학할 초등학교는 1학년이 몇 반까지 있는지 조사해 오도록 하자.

다. 활동의 유의점

1) 이 활동은 학기 초 유치원에서 '반 이름의 의미를 알아보아요' 활동을 할 때 추가적으로 초등학교 이름을 알아보는 활동으로 진행할 수도 있고 2월에 '초등학교에 가요' 주제로 활동을 할 때 3)번 활동부터 진행할 수도 있다.
2) 반훈 정하기 활동은 유아들의 발달수준에 따라 개별, 소집단 또는 교사가 적극적인 중재를 하는 대집단 활동으로 할 수 있다.

라. 활동 평가

1) 반 이름의 의미를 알게 되었는지 평가한다.
2) 반훈을 정하며 학급 공동체 의식을 느낄 수 있었는지 평가한다.

마. 확장 활동

1) 언어 영역에 활동지를 준비해 주고, 초등학교 반 이름과 같은 반이 되고 싶은 친구들의 이름을 반별로 그룹화하여 적어보도록 한다.
2) 내가 입학할 초등학교 학급 수를 알아본 후 몇 반이 제일 많은지 그래프 활동으로 확장한다.
3) 수조작 영역에서 돌림판에 유치원 반 이름과 초등학교 반 이름을 골고루 적은 후 돌려서 유치원 반 이름이 나오면 유치원 원아가 한 칸 옮기고 초등학교 반 이름이 나오면 초등학생이 한 칸 옮겨서 먼저 유치원이나 초등학교에 도착하면 이기는 게임으로 진행할 수도 있다.

활동 2

실내에서 바르게 걸어다녀요

생활주제	유치원과 친구		주제		유치원에서의 하루
활동유형	신체표현		적응영역		기본 생활 습관
활동목표	• 실내에서 바른 자세로 통행할 수 있다.				
교육활동	유치원 교육활동		유 · 초 연계교육활동		초등학교 교육활동
	▷ 실내에서 통행하는 방법 익히고 실천하기	➡	▷ 실내에서의 바른 통행방법 알기 ▷ 바른 통행방법 연습으로 실천하기	➡	▷ 실내에서 바르게 걸어보기 ▷ 오른쪽으로 안전하게 걸어보기
교육과정 관련요소	〈누리과정〉 · 신체운동 · 건강: 건강하게 생활하기 - 안전하게 생활하기 · 의사소통: 말하기 - 상황에 맞게 바른 태도로 말하기 · 사회관계: 사회에 관심 갖기 - 사회적 가치를 알고 지키기 〈초등학교 교육과정〉 · 국어: 듣기 · 말하기 - 일이 일어난 순서를 고려하며 듣고 말한다. · 즐거운 생활 : 학교 - 나의 몸을 창의적으로 표현하고, 활발하게 움직일 수 있는 놀이를 한다. · 바른생활 : 학교 - 학교 생활에 필요한 규칙과 약속을 정해서 지킨다.				

가. 활동자료

동화자료, 여러 가지 자세로 통행하는 모습의 사진자료

나. 활동방법

1) 바르게 통행하지 않았을 때 일어날 수 있는 일을 살펴본다.
   - 유치원 실내에서 혹시 다친 경험이 있었는지 이야기해 보자.
   - 여러 친구들이 함께 생활하는 교실에서는 어떻게 움직여야 할까?
2) 실내에서 바른 자세로 통행하는 방법을 살펴본다.
   - (그림을 보며) 바른 자세로 통행하는 사람을 찾아보자.
   - 어떤 것이 바른 모습의 통행 자세일까?
3) 실내에서 바른 자세로 통행하는 방법을 알아본다.

- 실내에서 걸어 다닐 때는 어떤 약속을 지켜야 할까?(오른쪽으로 통행하기, 사뿐사뿐 걷기, 한 줄로 서서 걷기, 교실 문 천천히 여닫기, 들어오고 나갈 때 문 닫고 다니기)

4) 올바른 통행 방법을 표현해 본다.
- 우측이 어디일까?
- 사뿐 사뿐 걷는 게 어떤 걸까? 몸으로 표현해 보자.
- 한 줄로 서서 걷는 모습을 표현해 보자.
- 문이 있다고 생각하고 교실 문을 열고 닫는 움직임으로 몸을 움직여보자.

5) 남, 여 또는 그룹을 정해 연습해 보며 다른 친구들의 모습을 보고 이야기 나눈다.
- 친구들과 함께 바른 통행 자세의 모습을 몸으로 표현해 보자.
- 친구와 짝을 정해 신체 표현을 하며 다른 친구의 모습을 살펴보자.

6) 몇 가지 동작을 정해 순서대로 연결해서 표현해 본다.
- 첫 번째 교실 문을 열고, 두 번째 한 줄로 서서 걷고, 세 번째 거북이처럼 걷다가 네 번째 교실 문을 닫고 자리로 돌아가는 움직임을 연결지어 표현해 보자.

다. 활동의 유의점

1) 이 활동은 수업시간 외에도 지속적인 생활 지도로 바른 실내 통행을 습관화할 수 있도록 반복 지도한다.
2) 바른 자세와 걸음을 신체 표현으로 활동하며 기본 생활 습관을 즐겁게 몸으로 익힐 수 있도록 계획한다.

라. 활동 평가

1) 복도, 계단, 출입구, 교실에서 바르게 통행하는지를 평가한다.

마. 확장 활동

1) 우리 반 교실의 바른 통행 약속을 정하여 약속판을 만들어 게시한다.
2) 자유선택활동 시 언어 영역에서 실내에서의 바른 통행 약속을 그림이나 글

로 표현하여 약속 나무에 걸어본다.

3) 게임으로 유아들과 함께 몇 가지 통행 자세를 정해 한 명씩 연결지어 표현해 볼 수 있다.

활동 3

다른 유치원의 친구와 전화해요

생활주제	유치원과 친구	주제	유치원에서 만난 친구
활동유형	언어	적응영역	또래관계
활동목표	• 유치원 주변의 다른 유치원 친구들에 대해 관심을 가진다.		
교육활동	유치원 교육활동	유 · 초 연계교육활동	초등학교 교육활동
	▷ 우리 반 친구들에게 관심 가지기 ▷ 친구 얼굴의 특징 탐색하기	▷ 같은 학구의 다른 유치원 친구 알아보기 ▷ 다른 유치원 친구와 화상 통화하기	▷ 친구 소개하기 ▷ 친구 관계 지도 그리기
교육과정 관련요소	〈누리과정〉 · 의사소통: 말하기 - 상황에 맞게 바른 태도로 말하기 · 사회관계: 다른 사람과 더불어 생활하기 - 친구와 사이좋게 지내기 · 사회에 관심 갖기 - 지역사회에 관심 갖고 이해하기 〈초등학교 교육과정〉 · 슬기로운 생활: 학교 - 여러 친구의 다양한 특성을 이해하고 친구와 잘 지내는 방법을 알아본다. · 즐거운 생활: 학교 - 친구와 친해질 수 있는 놀이를 한다.		

가. 활동자료

유치원 주변의 다른 유치원 사진, 인근 초등학교 사진, 전화기와 연결한 컴퓨터 모니터, 모니터

나. 활동방법

1) 사전에 내가 입학할 초등학교를 알아본다.
2) 초등학교에 가면 여러 유치원의 졸업생을 만난다는 것을 이야기한다.
   - (인근 초등학교 사진을 보여주며) 이곳은 어디일까?
   - 이 초등학교에 가면 어떤 친구들을 만날까?
   - 초등학교에 가면 또 어떤 유치원 친구들이 올까?
3) 초등학교에서 만날 다른 유치원 친구와 친해지는 방법에 대해 이야기한다.
   - 초등학교에서 만날 다른 유치원 친구들을 미리 알아볼 수 있을까?
   - 친해질 수 있는 방법에는 무엇이 있을까?
   - 만나기 어려운 친구는 어떻게 연락할 수 있을까?
4) 영상통화에 대해 이야기 나눈다.
   - 영상 통화가 무엇일까?
   - 전화를 하면 무슨 말을 하고 싶니?
   - 물어보고 싶은 것이 있니?
5) 다른 유치원 친구들과 영상 통화 시간을 가진다.
6) 활동 후 평가한다.
   - 다른 유치원 친구들과 영상통화를 하니 어떤 생각이 들었니?

다. 활동의 유의점

1) 유아들이 낯설어하는 경우 교사가 영상통화하는 모습을 보여준다.

라. 활동 평가

1) 유치원 주변의 다른 유치원 친구에게 관심을 가지는지 평가한다.

마. 확장 활동

1) 교사가 다른 유치원과 협의하여 전화통화나 편지쓰기를 정기적으로 한다.
2) '친구가 이런 말을 해주면 좋아요'라는 제목으로 반 친구들과 서로 인터뷰 활동을 해본다.

활동 4

초등학교 형님과 편지 주고받기

<table>
<tr><td>생활주제</td><td>우리 동네</td><td colspan="2">주제</td><td colspan="2">우리 동네 사람들</td></tr>
<tr><td>활동유형</td><td>언어</td><td colspan="2">적응영역</td><td colspan="2">또래관계</td></tr>
<tr><td>활동목표</td><td colspan="5">• 초등학교 형님에게 관심을 가진다.
• 초등학교 생활에 관심을 갖는다.</td></tr>
<tr><td rowspan="2">교육활동</td><td>유치원 교육활동</td><td rowspan="2">➡</td><td>유 · 초 연계교육활동</td><td rowspan="2">➡</td><td>초등학교 교육활동</td></tr>
<tr><td>▷ 우리 동네 사람들에게 관심 가지기</td><td>▷우리 동네 초등학교 형님에게 관심 가지기
▷초등학교 형님의 생활 알아보기</td><td>▷ 이웃에게 인사하기
▷ 이웃의 생활모습 살펴보기</td></tr>
<tr><td>교육과정 관련요소</td><td colspan="5">〈누리과정〉
· 의사소통: 쓰기 - 쓰기에 관심 가지기
· 사회관계: 다른 사람과 더불어 생활하기 - 공동체에서 화목하게 지내기

〈초등학교 교육과정〉
· 즐거운 생활: 마을 - 이웃의 모습과 생활을 다양하게 표현하고 이웃과 함께 할 수 있는 놀이를 한다.
· 국어: 쓰기 - 주변의 사람이나 사물에 대해 짧은 글을 쓴다.</td></tr>
</table>

가. 활동자료

유치원 졸업생 사진, 유아 사진, 편지지, 편지봉투, 색연필, 연필

나. 활동방법

1) 우리 유치원을 졸업하여 초등학교에 입학한 형님들의 사진을 보며 이야기 한다.
   - 이 사진에 있는 사람은 누구일까?
   - 형님반이었는데 지금은 어디에 있을까?
2) 초등학교 형님들이 어떻게 지내는지 이야기를 나눈다.
   - 초등학교 형님들은 학교에서 어떻게 생활할까?
   - 형님들은 초등학교에서 어떤 점이 즐거울까?
   - 형님들은 초등학교에서 어떤 힘든 일이 있을까?
   - 초등학교 형님들의 생활을 알아보려면 어떻게 해야 할까?
3) 초등학교에서 만날 형님들을 알려준 후 편지쓰기를 한다.
   - ○○초등학교에는 이 사진에 있는 형님들이 있는데, 이 형님들에게 편지를 쓰자.
   - 편지에 어떤 말을 쓰면 좋을까?
   - 내가 누구인지 형님에게 어떻게 알려줄까? (내 사진을 편지지에 붙이기)
4) 완성된 편지를 친구들에게 소개한다.
   - 형님이 이 편지를 받으면 어떻게 이야기할 것 같니?
5) 활동을 평가한다.
   - 형님에게 편지를 써보니 어떤 생각이 들었니?
   - 다음에 또 편지를 쓴다면 어떤 말을 하고 싶니?
6) 교사는 편지를 모아서 초등학교로 보낸다.

다. 활동의 유의점

1) 편지쓰기에 부담을 느끼지 않도록 글자를 강요하지 않는다.
2) 졸업생 형님들이 골고루 편지를 받을 수 있도록 한다.

라. 활동 평가

1) 우리 동네의 초등학교 형님에게 관심을 갖는지를 평가한다.
2) 형님의 학교생활을 알아보기 위해 편지쓰기 활동에 적극적으로 참여하는지도 평가한다.

마. 확장 활동

1) 초등학교와 협의하여 편지를 교환할 수 있도록 한다.
2) 초등학교에 대한 형님들의 이야기를 모아 책을 만들어본다.

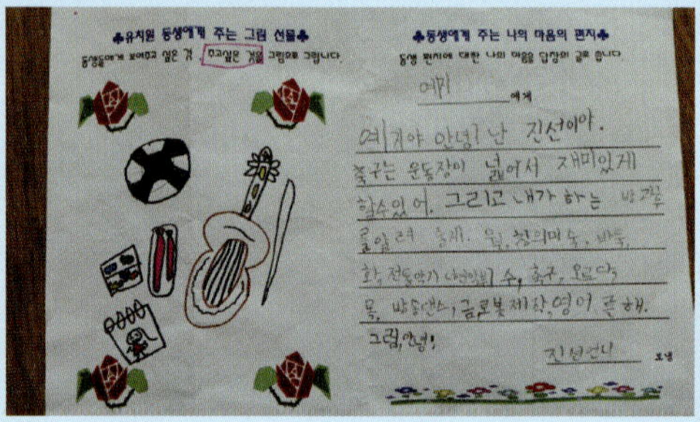

활동 5 초등학교 도서관 이용하기

<table>
<tr><td>생활주제</td><td>우리 동네</td><td colspan="2">주제</td><td colspan="2">초등학교의 여러 시설</td></tr>
<tr><td>활동유형</td><td>현장체험</td><td colspan="2">적응영역</td><td colspan="2">학교생활적응
기본 생활 습관</td></tr>
<tr><td>활동목표</td><td colspan="5">• 초등학교의 여러 시설에 대해 관심을 가진다.
• 초등학교 도서관을 이용하는 방법을 안다.
• 초등학교 도서관을 바르게 이용할 수 있다.</td></tr>
<tr><td rowspan="2">교육활동</td><td>유치원 교육활동</td><td rowspan="2">➡</td><td>유 · 초 연계교육활동</td><td rowspan="2">➡</td><td>초등학교 교육활동</td></tr>
<tr><td>▷생각이 쑥쑥! 즐거운 도서관
▷도서관 놀이하기</td><td>▷학교 도서관 이용하는 방법 알아보기
▷공공 장소인 도서관 바르게 이용하기
▷도서관 이용 ○, × 퀴즈하기</td><td>▷도서관 이용하기
▷도서관 활용 수업하기</td></tr>
</table>

교육과정 관련요소	〈누리과정〉 · 의사소통: 말하기 - 느낌, 생각, 경험 말하기 · 사회관계: 다른 사람과 더불어 생활하기 - 공동체에서 화목하게 지내기 · 사회관계: 사회에 관심 갖기 - 지역사회에 관심 갖고 이해하기 〈초등학교 교육과정〉 · 바른 생활: 마을 - 공공장소의 올바른 이용과 시설물을 바르게 사용하는 습관을 기른다. · 슬기로운 생활: 마을 - 이웃과 함께 쓰는 장소와 시설물의 종류와 쓰임을 탐색한다.

가. 활동자료

'책 먹는 여우' 동화책, 학교 도서관 이용하는 방법 동영상, 도서관 이용 ○, × 퀴즈 자료

나. 활동방법

1) '책 먹는 여우' 동화책의 도서관이 나오는 일부분을 들려준다.
   - 책 먹는 여우가 도서관에서 만난 분은 누구일까?
   - 도서관에 계시는 선생님은 뭐라고 부를까?
   - 사서 선생님은 어떤 일을 하실까?
2) 도서관을 가본 경험이나 이용해 본 경험 이야기 나누기
   - 도서관에 가본 적이 있니?
   - 우리 동네에는 어떤 도서관이 있니?
3) 도서관 이용하는 방법에 대한 동영상을 본다.
   - 도서관에서는 어떤 약속을 지켜야 할까?
   - 도서관에 있는 책을 집에 가서도 읽고 싶을 땐 어떻게 해야 할까?
   - '도서관에 간 여우' 책에서 생쥐가 여우에게 대출할 때에는 무엇이 있어야 한다고 했니?
4) 학교 도서관을 이용해 본다.
   - 차례대로 질서를 지켜 학교 도서관으로 이동한다.
   - 도서관에 대해서 궁금한 점이 있으면 사서 선생님께 질문해 보자.
   - 읽고 싶은 책을 어떻게 찾을 수 있을까?
5) 도서관 이용 방법에 대한 ○, × 퀴즈로 평가하기

- 화면을 보고 선생님이 내는 문제를 잘 듣고 맞으면 ○로 틀리면 ×로 표시해 보자
- 퀴즈를 풀며 도서관 이용 방법을 다시 잘 생각해 보자.

다. 활동의 유의점

1) 여건에 따라 초등학교 도서관을 이용하기 어려운 경우에는 도서관 이용 역할극이나 인근 도서관으로 대체할 수 있다.
2) 도서관 재방문이 가능하다면 일회성 방문에 그치지 말고 도서관 수업을 정기적으로 계획하여 도서를 대출하고 반납하는 경험을 해볼 수 있다.

라. 활동 평가

1) 학교의 다양한 시설에 관심을 가지는지 평가한다.
2) 초등학교 도서관을 이용하는 방법을 알고 바르게 이용하는지 평가한다.
3) 차례대로 줄을 서서 질서를 지켜 안전하게 이동하는지 평가한다.

마. 확장 활동

1) 언어 영역에서 도서관에서 대출해 온 책을 읽어본다.
2) 미술영역에서 도서관 대출증을 만들어본다.
3) 역할영역에서 도서관 이용 역할극을 해본다.

활동 6

하루 일과 시간표 비교하기

생활주제	건강과 안전	주제	규칙적인 일과 시간표
활동유형	수조작	적응영역	기초 학습 기본 생활 습관
활동목표	• 규칙적인 생활의 중요성을 안다. • 초등학교 생활에 대해 관심을 가진다. • 약속 시간을 잘 지킨다.		
교육활동	유치원 교육활동	유·초 연계교육활동	초등학교 교육활동
	▷우리가 만드는 하루 일과 ▷규칙적인 일과 시간표	▷초등학교 시간표 관찰하기 ▷초등학교의 교과목 알아보기 ▷우리 유치원 일과표 그리기	▷나의 학교 생활 소개하기 ▷학교 생활 그리기
교육과정 관련요소	〈누리과정〉 · 신체운동·건강: 건강하게 생활하기 - 건강한 일상생활하기 · 사회관계: 나를 알고 존중하기 - 나의 일 스스로 하기 · 자연탐구: 수학적 탐구하기 - 규칙성 이해하기 · 예술경험: 예술적 표현하기 - 미술활동으로 표현하기 〈초등학교 교육과정〉 · 바른생활: 학교 - 학교생활에 필요한 규칙과 약속을 정해서 지킨다. · 수학: 규칙성 - 물체, 무늬, 수 등의 배열에서 규칙을 찾아 여러 가지 방법으로 나타낼 수 있다.		

가. 활동자료

유치원 일과 계획표, 유치원의 일과 그림자료, 초등학교 시간표, 스케치북

나. 활동방법

1) 초등학교 생활에 대해 이야기나눈다.
   - 초등학교에 가면 어떻게 지내게 될까?
   - 초등학교에서는 무엇을 배울까?
2) 유치원의 하루일과표와 초등학교 시간표를 함께 보며 이야기 나눈다.
   - 유치원의 하루일과표에는 어떤 내용들이 있니?
   - 하루일과표가 있으면 어떤 점이 좋을까?

- (초등학교 시간표를 보여주며) 이 시간표는 어떻게 보는 걸까?
- 유치원의 하루 일과표와 초등학교의 시간표는 무엇이 다를까?

4) 그룹을 나누어 유치원의 하루 일과표를 그림으로 그려본다.

6) 직접 만든 일과표를 소개하고 오늘의 일과를 함께 계획하며 이야기 나눈다.
- 일과 계획표를 만들어 보니 어떤 기분이 드니?
- 우리가 직접 만든 일과표로 오늘의 일과를 계획해 보자.

다. 활동의 유의점

1) 유아들이 일과와 시간표를 이해하고 주도적으로 활동에 참여할 수 있도록 한다.
2) 인근 초등학교 1학년 시간표를 받아 소개하고 비교해 보며 만들어보는 활동을 할 수 있다.

라. 활동 평가

1) 초등학교의 시간표와 유치원의 일과표에 관심을 가지는지 평가한다.
2) 친구들과 협력하여 일과 계획표를 만드는 과정에 참여했는지 평가한다.

마. 확장 활동

1) 미술영역에서 초등학교 시간표를 만들어 본다.
2) 교실 벽면에 유아들이 만든 일과 계획표를 시간대로 게시하여 유아들이 다음의 활동을 예측하여 미리 준비하고 적극적으로 참여할 수 있도록 한다.
3) 방학을 앞두고 방학 생활계획표를 만들어본다.

활동 7

초등학교 점심시간

생활주제	건강과 안전	주제	건강한 생활
활동유형	현장체험	적응영역	기본 생활 습관
활동목표	• 학교 급식실에서 하는 일을 알고, 바르게 이용할 수 있다. • 음식을 먹는 바른 자세와 태도를 안다.		
교육활동	유치원 교육활동	유 · 초 연계교육활동	초등학교 교육활동
	▷감사한 마음으로 급 · 간식을 먹어요 ▷유치원에서 함께 지내는 사람들이에요.	▷초등학교 급식시설을 둘러보기 ▷학교 급식실에서 하는 일, 급식의 순서와 방법 알기 ▷급식실 바르게 이용하기	▷건강한 학교생활 : 급식시간에 지켜야 할 일 알아보기 ▷학교의 이곳저곳을 찾아서
교육과정 관련요소	〈누리과정〉 · 신체운동 · 건강: 건강하게 생활하기 - 바른 식생활하기 · 건강한 일상생활하기 · 사회관계: 다른 사람과 더불어 생활하기 - 공동체에서 화목하게 지내기 · 사회관계: 사회에 관심갖기 - 사회적 규칙을 알고 지키기 〈초등학교 교육과정〉 · 바른 생활: 학교 - 몸과 마음을 건강하게 유지한다. · 바른 생활: 마을 - 공공장소를 올바르게 이용하고 시설물을 바르게 사용하는 습관을 기른다. · 슬기로운 생활: 마을 - 동네 사람들이 하는 일, 직업 등을 조사하여 발표한다.		

가. 활동자료

옷에 음식물이 묻은 손인형, 급식실의 시설, 설비 사진자료, 급식실에서 일하시는 분들 사진자료, 급식의 순서 사진자료

나. 활동방법

1) 급식시간에 생긴 일에 대해서 손인형으로 이야기를 듣는다.

난 오늘 처음으로 급식을 먹은 토순이야. 급식을 받아 조심조심 자리로 가고 있었는데 장난을 치며 걸어오는 친구와 부딪쳐서 이렇게 옷에 음식물이 쏟아져버렸어. 집에 돌아갈 때까지 이렇게 젖은 옷을 입고 있어야 한다니 너무 불편하고 찝찝해.

2) 급식실에서 불편했거나 실수했던 경험에 대해서 이야기 나눈다.
- 급식실에서 약속을 지키지 않았던 적이 있었니?
- 실수로 토순이처럼 다른 친구를 불편하게 한 적이 있었니?
- 이러한 불편했던 경험들을 하지 않으려면 어떤 약속을 지켜야 할까?

3) 급식실의 시설, 설비에 대한 사진 자료를 보며 이야기 나눈다.
- 급식실은 어떤 일을 하는 곳일까?
- 급식실은 어떤 위험이 있을까?
- 유치원에서의 급식과 초등학교의 급식은 어떻게 다를까?

4) 급식실에서 일하시는 분들에 대한 사진을 보며 이야기 나눈다.
- 급식실에는 어떤 분들이 일하고 계시니?
- 어떤 일을 하실까?
- 그분들께 어떤 마음을 가져야 할까?

5) 그림 자료를 보며 급식의 순서와 방법을 이야기 나눈다.
- 급식실에서는 어떤 순서로 배식을 받아야 할까?
- 배식을 받을 때 어떤 약속을 꼭 지켜야 할까?

차례대로 줄서기→식판, 숟가락, 젓가락 들기→음식 받기→바른 자세로 식사하기→잔반모으기→남은 음식 깨끗이 정리하기→식판, 숟가락, 젓가락, 물컵을 제자리에 놓기

6) 직접 초등학교 급식실을 둘러보며 배운 순서에 맞게 연습한다.
- 급식실에서 일하시는 분들께 감사의 인사하기
- 유치원과 다른 점을 찾아보며 급식실 돌아보기
- 배운 순서대로 식판에 배식받는 방법 연습해 보기

7) 급식실을 둘러본 소감에 대해 이야기 나눈다.

- 급식실을 둘러보니 어떤 느낌이었니?

다. 활동의 유의점

1) 올바른 급식 예절에 대하여 인지하고 실천할 수 있도록 지도한다.
2) 급식실에서 일하시는 분들에 대해 알아보고 감사하는 마음을 갖도록 한다.
3) 유치원과 학교 급식 시설의 차이점을 살펴보고 올바른 사용법을 지도한다.

라. 활동 평가

1) 배식 받는 순서를 알고 지키는지 평가한다.
2) 급식시간에 지켜야 할 일들을 지키는지 평가한다.

마. 확장 활동

1) 역할영역에서 '급식실에서 생긴 일'이란 주제로 역할(영양사 선생님, 배식 도우미, 학생, 선생님 등)을 정해 놀이한다.
2) 언어영역에서 급식실에서 지켜야 할 약속을 그림이나 글로 표현해 본다.

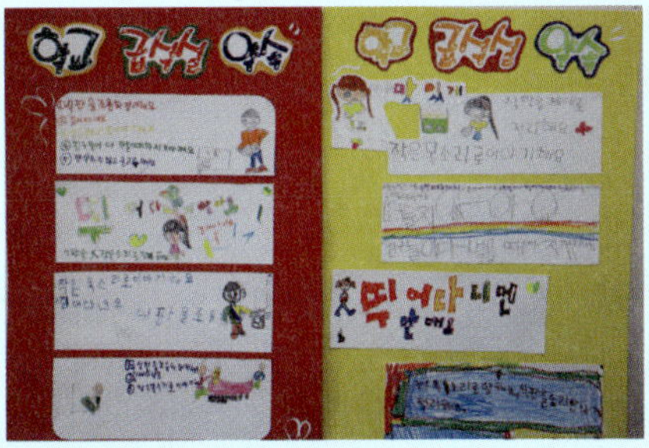

활동 8

초등학교 가는 길 구성하기

<table>
<tr><td>생활주제</td><td>교통기관</td><td colspan="2">주제</td><td colspan="2">안전한 교통생활</td></tr>
<tr><td>활동유형</td><td>쌓기</td><td colspan="2">적응영역</td><td colspan="2">학교생활적응
기본 생활 습관</td></tr>
<tr><td>활동목표</td><td colspan="5">• 초등학교에 관심을 가지고 내가 입학할 초등학교의 위치를 안다.
• 교통안전 규칙을 지켜 안전하게 등·하원한다.
• 초등학교 가는 길을 자유롭게 구성한다.</td></tr>
<tr><td rowspan="2">교육활동</td><td>유치원 교육활동</td><td rowspan="2">➡</td><td>유·초 연계교육활동</td><td rowspan="2">➡</td><td>초등학교 교육활동</td></tr>
<tr><td>▷안전하게 길을 건너요
▷북적 북적 자동차를 그려요
▷안전하고 즐거운 등하원길</td><td>▷초등학교 다녀온 경험 회상하기
▷초등학교 가는 길 구성하기</td><td>▷학교 가는 길에 본 것 그리기
▷안전한 학교길</td></tr>
<tr><td>교육과정
관련요소</td><td colspan="5">〈누리과정〉
· 신체운동·건강: 안전하게 생활하기 - 교통안전 규칙 지키기
· 사회관계: 사회에 관심 갖기 - 지역사회에 관심 갖고 이해하기
· 자연탐구: 수학적 탐구하기 - 공간과 도형의 기초개념 형성하기

〈초등학교 교육과정〉
· 즐거운 생활: 학교 - 다양한 방법으로 교실을 꾸민다.
· 슬기로운 생활: 학교 - 학교 안과 밖, 교실을 둘러보면서 위치와 학교생활 모습 등을 알아본다.</td></tr>
</table>

가. 활동자료

다양한 블록들, 인근 초등학교 근처의 건물 사진, 신호와 간판, 교통표지판 사진자료, 초등학교 등교 길 모습의 영상자료 등

나. 활동방법

1) 초등학교에 다녀온 경험에 대해 이야기 나눈다.
   - ○○초등학교에 가본 적이 있니?
   - 가는 길에 무엇을 보았는지 기억해 보자.
2) 다양한 블록을 이용하여 친구들과 함께 초등학교 가는 길을 구성한다.
   - 우리가 초등학교 갈 때 걸어갔던 길을 만들어보자.

- 길이나 건널목은 무엇으로 만들면 좋을까?
- 학교는 어디에 있다고 하면 좋을까?

3) 모두 각자 만들고 싶은 건물을 만든다.
- 다양한 블록으로 학교 주변의 건물을 만들어보자.
- 작은 건물은 어떤 블록으로 표현해 보면 좋을까?
- 학교 옆에 있는 아파트는 어떤 블록을 사용해서 만들면 좋을까?

4) 만든 건물을 학교 가는 길에 알맞은 위치에 놓는다.

5) 학교 가는 길을 만들고 난 느낌에 대해 이야기 나눈다.

다. 활동의 유의점

1) 사전에 유아들이 다닐 초등학교를 다녀오는 활동을 전개한다.
2) 내가 입학할 초등학교 주변의 신호등, 건널목의 사진자료, 등 · 하원하는 모습이 담긴 영상 등의 자료를 충분히 준비하여 사전에 충분히 상호작용 한다.

라. 활동 평가

1) 학교 주변에서 볼 수 있는 것들에 관심을 가지고 있는지 평가한다.
2) 다양한 블록을 이용하여 관찰한 것을 자유롭게 만들고 꾸미는지 평가한다.

마. 확장 활동

1) 음률영역에서 '학교 가는 길' 노래를 불러본다.
3) 미술영역에서 학교 가는 길에 보았던 것을 그림으로 표현해 본다.

활동 9

책가방을 싸요.

생활주제	생활도구		주제		다양한 생활도구
활동유형	게임		적응영역		학교생활적응
활동목표	• 학교에서 사용하는 물건을 안다. • 내가 사용하는 물건을 스스로 준비하려는 태도를 가진다. • 정해진 시간표에 따라 초등학교 활동이 진행됨을 안다.				
교육활동	유치원 교육활동		유 · 초 연계교육활동		초등학교 교육활동
	▷도구를 살펴보세요 ▷이런 도구를 사용해요	➡	▷학교에서 사용하는 물건 알기 ▷내 물건 스스로 준비하기	➡	▷바르게 정리해요 ▷스스로 할 수 있는 일 ▷스스로 책가방을 챙겨봅시다
교육과정 관련요소	〈누리과정〉 · 신체운동 · 건강: 신체 활동에 참여하기 - 자발적으로 신체 활동에 참여하기 · 사회관계: 다른 사람과 더불어 생활하기 - 친구와 사이좋게 지내기 〈초등학교 교육과정〉 · 바른 생활: 학교 - 학교생활에 필요한 규칙과 약속을 정해서 지킨다. · 즐거운 생활: 학교 - 나의 몸을 창의적으로 표현하고, 활발하게 움직일 수 있는 놀이를 한다.				

가. 활동자료

초등학생 가방, 초등학교 일학년 시간표, 교과서, 실내화, 실내화 주머니, 알림장, 필통

나. 활동방법

1) 초등학생의 가방을 보며 이야기를 나눈다.
   - 유치원 가방과는 어떤 점이 다를까?
   - 유치원에는 어떤 물건들을 가지고 다닐까?

- 초등학교에 가면 어떤 물건들을 가지고 다닐까?

2) 가방 속에 들어있는 물건들을 꺼내어 가며 관찰한다.
   - 초등학교 1학년 형님들의 가방 속에는 무엇이 들어있을까?
   - 이 물건들은 어디에 사용하는 걸까?
   - 학교에 갈 때 필요한 물건은 무엇일까?
   - 교과서가 무엇일까?
   - 알림장은 어떻게 사용하는 걸까?
   - 시간표는 어떻게 보는 걸까?
3) 게임 자료를 보며 게임방법을 알아본다.
   - 여기에 어떤 물건들이 있을까?
   - 초등학교에 가면 필요한 물건들은 무엇일까요?
   - 매일매일 학교에 가지고 가야 하는 물건은 무엇일까?
4) 팀을 나누어 앉고 게임방법을 함께 정해본다.
   - 초등학교 책가방을 싸는 게임을 하는데 어떤 방법으로 하면 좋을까?
   - 시간표에 맞게 가방을 싸려면 어떻게 해야 할까?
5) 게임을 할 때 지켜야 할 약속에 대해 이야기 나눈다.
6) 팀 이름과 응원방법을 정한다.
7) 게임을 전개한다.
8) 게임약속을 준수하고 바르게 물건을 담아온 팀에게 점수를 준다.
9) 활동에 대한 생각한 점과 느낀 점을 이야기 나눈다.
   - 친구들과 함께 게임을 했는데 어떤 점이 재미있었니?
   - 게임을 다시 한다면 어떤 점을 고치고 싶니?
10) 게임 도구와 자리를 정리한다.
   - 우리가 사용한 게임 도구는 어떻게 할까?
   - 어디에 어떤 방법으로 정리하면 좋을까?

다. 활동의 유의점

1) 게임의 승패보다는 시간표에 따라 책가방을 바르게 챙겼는가에 초점을 맞춘다.

라. 활동 평가

1) 초등학교에서 사용하는 물건을 알고 스스로 준비하는 자세를 가졌는지를 평가한다.
2) 친구와 협력하여 즐겁게 게임에 참여하는지를 평가한다.

마. 확장 활동

1) 역할영역에 게임에서 사용했던 책가방과 물건을 비치하여 유아들이 스스로 놀이할 수 있게 한다.
2) 미술영역에서 초등학교 물건 그림 사전을 만든다.

활동 10

바르게 연필잡은 손

생활주제	생활도구	주제	다양한 생활도구
활동유형	이야기나누기	적응영역	기초 학습
활동목표	• 필기구를 바르게 사용한다.		
교육활동	유치원 교육활동	유·초 연계교육활동	초등학교 교육활동
	▷ 우리 반에 필요한 약속 알아보기 ➡	▷필기구의 바른 사용법 알기 ▷바르게 연필 잡은 손 사진콘테스트 ➡	▷연필 바르게 사용하기 ▷물건을 바르게 사용하는 방법
교육과정 관련요소	〈누리과정〉 · 의사소통: 쓰기 - 쓰기 도구 사용하기 〈초등학교 교육과정〉 · 국어: 쓰기 - 글자를 바르게 쓴다. · 바른 생활: 학교 - 학교생활에 필요한 규칙과 약속을 정해서 지킨다.		

가. 활동자료

연필, 실물화상기, 연필 잡는 법 동영상 자료, 바른 연필잡기 그림자료

나. 활동방법

1) 각자 자기가 편한 방법으로 연필을 잡아본다.
   - 짝을 정해 서로 연필 잡은 모습을 관찰한다.
2)연필 잡는 법 동영상을 본다.
3) 그림을 보며 연필을 바르게 잡는 방법을 알아본다.
   - 연필을 잡은 위치와 잡은 손가락의 모양을 살펴본다.
   - 연필을 누를 때의 적당한 힘의 정도를 알아본다.
   - 책상과 연필의 각도는 45도~60도 정도를 유지하도록 한다.
4) 연필을 바르게 잡는 방법을 생각하며 자기 이름을 써본다.
5) 바르게 연필 잡은 손 콘테스트를 한다.
   - 우리 반에서 바르게 연필을 잡은 친구는 누구인지 뽑아보자.

- 어떤 방법으로 그 친구를 뽑을 수 있을까?
- 바르게 연필 잡은 손을 찾을 판정단은 누가 하면 좋을까?

6) 활동 후 느낀 점을 이야기 나눈다.

다. 활동의 유의점

1) 일상생활 속에서 반복적으로 지도하여 잘못된 방법으로 연필 쥐는 것이 습관화 된 유아들이 올바른 방법을 익힐 수 있도록 한다.
2) 왼손잡이가 있을 수 있으므로 사전에 관찰을 통해 개별 유아들의 특성을 파악하여 인정하고 가정과 연계하여 연필 쥐는 바른 방법을 익힐 수 있도록 격려한다.

라. 활동 평가

1) 연필을 바르게 잡는 방법을 알고 실천하는지 평가한다.
2) 잘못된 습관을 고치려고 노력하는지 평가한다.

마. 확장 활동

1) 수조작 영역에서 바르게 연필잡은 모습의 사진을 퍼즐로 만들어 교구로 활용한다.
2) 짝과 함께 서로의 연필 잡은 모습을 사진으로 찍어 살펴보며 이야기 나눈다.

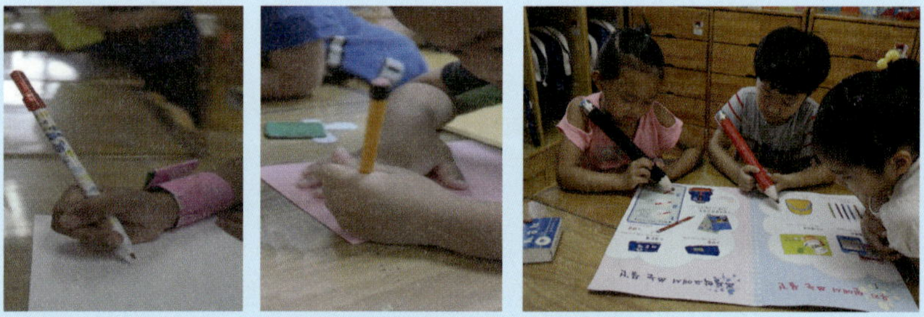

활동 11

초등학교에서 배우는 책

<table>
<tr><td>생활주제</td><td>졸업</td><td colspan="2">주제</td><td colspan="2">초등학교 생활 적응하기</td></tr>
<tr><td>활동유형</td><td>게임</td><td colspan="2">적응영역</td><td colspan="2">기초 학습</td></tr>
<tr><td>활동목표</td><td colspan="5">• 초등학교에서 사용하는 교과서에 관심을 가진다.
• 초등학교 생활에 관심을 가진다,
• 초등학교는 교과서로 수업을 한다는 것을 안다.</td></tr>
<tr><td rowspan="2">교육활동</td><td>유치원 교육활동</td><td rowspan="2">➡</td><td>유 · 초 연계교육활동</td><td rowspan="2">➡</td><td>초등학교 교육활동</td></tr>
<tr><td>-</td><td>▷교과서 관찰하기
▷교과서로 게임하기</td><td>▷새 책을 알아봐요
▷학교에서 하는 활동</td></tr>
<tr><td>교육과정 관련요소</td><td colspan="5">〈누리과정〉
· 의사소통: 듣기 - 이야기 듣고 이해하기
· 사회관계: 나를 알고 존중하기 - 나의 일 스스로 하기
· 자연탐구: 탐구하는 태도 기르기 - 호기심을 유지하고 확장하기

〈초등학교 교육과정〉
· 수학: 자료와 가능성 - 교실 및 생활주변에 있는 사물들을 정해진 기준 또는 자신이 정한 기준으로 분류하여 개수를 세어보고, 기준에 따른 결과를 말할 수 있다.
· 슬기로운 생활: 학교 - 학교 안과 밖, 교실을 둘러보면서 위치와 학교생활 모습 등을 알아본다.</td></tr>
</table>

가. 활동자료실

초등학교 교과서, 행복한 입학초기 적응활동 책

나. 활동방법

1) 수수께끼로 초등학교 교과서에 대한 흥미를 유발한다.

- 초등학교에서 사용하는 것이에요.
- 학교에서 수업을 할 때 꼭 필요해요.

- 선생님도 학생들도 꼭 가지고 있어야 해요.

2) 유치원과 초등학교의 다른 점에 대해 이야기 나눈다.
   - 유치원의 생활과 초등학교의 생활 중 다른 점은 무엇이 있을까?
   - 학교에서는 무엇을 가지고 수업을 할까?

3) 초등학교 교과서를 살펴보며 이야기 나눈다.
   - 초등학교 교과서를 보니 어떤 생각이 드니?
   - 어떤 과목이 가장 재미있을 것 같니?

4) 교과서를 활용하여 게임을 해본다.
   - 모둠별로 살펴본 교과서를 이용하여 하나, 둘, 셋 신호에 맞추어 한 곳을 펼쳐보자.
   - 펼친 곳에서 가장 큰 그림이 있는 모둠이 이기는 것으로 정해보자.
   - 이번에는 사람이 가장 많이 나온 모둠을 찾아보자.
   - 다른 어떤 방법으로 게임을 해볼 수 있을까?

5) 교과서를 관찰해 본 느낌에 대해 이야기 나눈다.
   - 교과서를 살펴본 느낌이 어떠니?
   - 교과서 속에서 내가 할 수 있는 일은 무엇이었니?

다. 활동의 유의점

1) 초등학교 교과서의 내용보다는 교과서라는 것에 대한 흥미와 초등학교 생활에 관심을 갖도록 하는 데 초점을 맞춘다.
2) 활동 전에 다양한 교과서를 언어 영역에 비치하여 유아들이 살펴볼 수 있는 시간을 가진다.

라. 활동 평가

1) 초등학교 교과서에 흥미를 갖고 적극적으로 활동에 참여하는지 평가한다.

2) 교과서에 대해 알게 된 내용이나 궁금한 점을 교사와 친구들에게 이야기하는지 평가한다.

마. 확장 활동

1) 음률영역에서 초등학교 교과서에 나오는 노래의 악보를 게시하여 친구들과 함께 불러본다.
2) 수조작영역에서 시간표에 맞게 교과서를 챙기는 활동을 해볼 수 있다.

활동 12

초등학교 간다네

<table>
<tr><td>생활주제</td><td>졸업</td><td colspan="2">주제</td><td colspan="2">초등학교에 가요</td></tr>
<tr><td>활동유형</td><td>음률</td><td colspan="2">적응영역</td><td colspan="2">학교생활적응</td></tr>
<tr><td>활동목표</td><td colspan="5">• 노래를 즐겨 부른다.
• 노래를 부르며 초등학교에 관심을 가진다.</td></tr>
<tr><td rowspan="2">교육활동</td><td>유치원 교육활동</td><td rowspan="2">➡</td><td>유 · 초 연계교육활동</td><td rowspan="2">➡</td><td>초등학교 교육활동</td></tr>
<tr><td>▷ 원가 합창단</td><td>▷ 초등학교 간다네 새노래 배우기</td><td>▷ 학교와 사람들: '학교 가는길' 동요</td></tr>
<tr><td>교육과정 관련요소</td><td colspan="5">〈누리과정〉
· 예술경험 : 예술적 표현하기 - 음악으로 표현하기
· 예술경험 : 아름다움 찾아보기 - 통합적으로 표현하기
· 의사소통 : 듣기 - 동요, 동시, 동화 듣고 이해하기

〈초등학교 교육과정〉
· 국어: 문학 - 자신의 생각이나 겪은 일을 시나 노래, 이야기 등으로 표현한다.
· 슬기로운 생활: 학교 - 나의 과거와 현재 모습을 통해서 재능과 흥미를 찾고, 이에 근거하여 미래의 모습을 예상한다.</td></tr>
</table>

가. 활동자료

가사판(김진영 작사/작곡, 초등학교 간다네), 노래 음원, cd플레이어 또는 컴퓨터

나. 활동방법

1) '초등학교'에 대해서 이야기 나눈다.
   - 유치원을 졸업하면 어디에 가게 될까?
   - '초등학교' 하면 무엇이 생각나니?
   - 초등학생이 되면 기분이 어떨까?

2) 가사판을 보며 노랫말을 소개한다.

- 어떤 노래인 것 같니?

3) 노래의 멜로디만 듣는다.

- 어떤 느낌이 드니?

4) 다양한 방법으로 노래를 부른다.

5) 노랫말 중 바꾸어 부를 수 있는 곳을 찾아 노랫말 바꿔 부르기를 한다.

6) 노래를 부르고 난 느낌에 대해 이야기 나누고 마친다.

- 이제 형님이 되어 초등학교에 간다고 생각하니 기분이 어떠니?

다. 활동의 유의점

1) '형님반에 간다네' 동요를 개사하여 '초등학교에 간다네'로 바꾸어 부른다.

2) 노래에 익숙해지도록 정리 시간에 배경 음악으로 반복하여 들려준다.

라. 활동 평가

1) 초등학교에 입학하면서 느끼는 감정에 관심을 갖는지 평가한다.

2) 음악을 감상하고 신체를 이용하여 표현하는지 평가한다.

3) 적극적인 자세로 새노래를 배우는지 평가한다.

마. 확장 활동

1) 미술영역에서 '즐거웠던 유치원 생활'을 돌아보며 즐거웠던 장면 그리기 활동을 한다.

2) 현장체험으로 인근 초등학교로 견학을 다녀온다.

3) 언어영역에서 함께 지낸 친구들에게 하고 싶은 말을 그림이나 글로 표현한다.

활동 13

초등학교 체험하기

<table>
<tr><td>생활주제</td><td>졸업</td><td colspan="2">주제</td><td colspan="2">초등학교 모습에 관심 가지기</td></tr>
<tr><td>활동유형</td><td>현장체험</td><td colspan="2">적응영역</td><td colspan="2">학교생활적응</td></tr>
<tr><td>활동목표</td><td colspan="5">• 학교의 다양한 시설물에 관심을 가진다.
• 규칙을 지켜 실외에서 안전하게 이동한다.</td></tr>
<tr><td rowspan="2">교육활동</td><td>유치원 교육활동</td><td></td><td>유 · 초 연계교육활동</td><td></td><td>초등학교 교육활동</td></tr>
<tr><td>▷유치원을 돌아보아요</td><td>➡</td><td>▷초등학교 돌아보기
▷궁금한 점 질문목록 만들기</td><td>➡</td><td>▷학교 안, 밖, 교실 둘러보기
▷학교 교실의 위치, 사물, 생활모습 알아보기</td></tr>
<tr><td>교육과정 관련요소</td><td colspan="5">〈누리과정〉
· 사회관계: 사회에 관심 갖기 - 지역사회에 관심 갖고 이해하기
· 자연탐구: 탐구하는 태도 기르기 - 호기심을 유지하고 확장하기

〈초등학교 교육과정〉
· 슬기로운 생활: 학교 - 학교 안과 밖, 교실을 둘러보면서 위치와 학교생활 모습 등을 알아본다.
· 바른 생활: 학교 - 학교생활에 필요한 규칙과 약속을 정해서 지킨다.</td></tr>
</table>

가. 활동자료

우리 동네 초등학교 사진, 질문목록, 사진기, 필기도구

나. 활동방법

1) 우리 동네에 있는 초등학교 사진을 보며 이야기 나눈다.
2) 초등학교에 대해 궁금한 것을 이야기한다.
3) 모둠별로 생각을 모아서 궁금한 점을 질문목록으로 만든다.
4) 초등학교를 돌아볼 때 주의할 점에 대해 이야기한다.
   - 초등학교를 돌아볼 때 어떤 예절을 지켜야 할까? (복도에서 걷기, 조용히 하기, 다른 교실에 함부로 들어가지 않기, 선생님과 함께 다니기, 어른을 만나면 인사드리기 등)

5) 초등학교로 견학을 간다.
   - 어떤 곳을 사진으로 남기고 싶니?

6) 준비한 질문목록을 보고 모둠별로 초등학교에 근무하는 분들께 궁금한 점을 여쭈어본다.

7) 초등학교에 다녀온 후 사진을 보며 초등학교에 대해 이야기한다.
   - 초등학교에서 무엇을 보았니? 초등학교에 가보니 어떤 점이 가장 기억에 남니?

다. 활동의 유의점

1) 사전에 초등학교와 협의하여 일정을 계획한 후 활동을 진행한다.
2) 당일에 활동을 모두 진행하기보다는 질문목록 만들기를 전날 활동하면 유아들의 관심을 확장할 수 있고 시간 운영을 여유 있게 할 수 있다.

라. 활동 평가

1) 우리 동네에 있는 초등학교에 대해 관심을 가지는지 평가한다.
2) 초등학교에 대해 궁금한 점을 탐색했는지 평가한다.

마. 확장 활동

1) 유치원과 초등학교의 같은 점과 다른 점을 비교하는 그래프를 만들어본다.
2) 쌓기영역과 미술영역에서 초등학교에서 찍은 사진을 이용하여 초등학교 건물 만들기를 해본다.

활동 14

졸업생 형님들과 인터뷰하기

<table>
<tr><td>생활주제</td><td>졸업</td><td>주제</td><td colspan="3">초등학교가 궁금해요</td></tr>
<tr><td>활동유형</td><td>언어</td><td>적응영역</td><td colspan="3">학교생활적응
또래관계</td></tr>
<tr><td>활동목표</td><td colspan="5">• 초등학교 생활에 대해 관심을 가진다.
• 궁금한 것을 알아보는 경험을 한다.</td></tr>
<tr><td rowspan="2">교육활동</td><td>유치원 교육활동</td><td rowspan="2">➡</td><td>유 · 초 연계교육활동</td><td rowspan="2">➡</td><td>초등학교 교육활동</td></tr>
<tr><td>▷우리반 이름과 교실 알아보기</td><td>▷초등학교에 대한 질문 목록표 만들기
▷인터뷰에 대하여 알아보기
▷초등학교 형님 인터뷰하기</td><td>▷학교 놀이하기</td></tr>
<tr><td>교육과정
관련요소</td><td colspan="5">〈누리과정〉
· 의사소통: 말하기 - 느낌, 생각, 경험 말하기
· 의사소통: 듣기 - 바른 태도로 듣기
· 사회관계: 다른 사람과 더불어 생활하기 - 공동체에서 화목하게 지내기
· 사회관계: 사회에 관심 갖기 - 지역사회에 관심 갖고 이해하기

〈초등학교 교육과정〉
· 바른생활: 마을 - 공공장소의 올바른 이용과 시설물을 바르게 사용하는 습관을 기른다.
· 슬기로운 생활: 학교 - 학교 안과 밖, 교실을 둘러보면서 위치와 학교생활 모습 등을 알아본다.</td></tr>
</table>

가. 활동자료

초등학교에 대한 질문 목록, 마이크, 인터뷰를 할 수 있는 초등학교 형님

나. 활동방법

1) 초등학교에 갔었던 경험을 회상하며 초등학교에 대해 궁금한 것을 이야기 나눈다.
   - 우리가 입학할 초등학교에 가본 적이 있니?

- 초등학교에서는 무엇을 배울까?
- 초등학교 교실은 어떻게 생겼을까?
- 초등학교에는 어떤 분들이 계실까?

2) 궁금한 것을 알아보는 방법에 대하여 이야기 나눈다.
- 궁금한 것이 생기면 어떻게 알아볼 수 있을까?
- 책이나 컴퓨터를 통해서 찾아보는 것 말고 다른 방법은 없을까?
- 초등학교에 대해 궁금한 것들을 알아보려면 어떻게 해야 할까?

3) '인터뷰'에 대해서 알아본다.
- 인터뷰란 말을 들어보거나 본 적이 있니?
- 인터뷰는 어떻게 하는 걸까?
- 사람을 초대해서 궁금한 점을 물어보고 대답을 듣는 것이 인터뷰란다.

4) 초등학교에 대한 질문목록을 작성한다.
- 이것이 무엇일까?
- 선배 인터뷰 수첩에 초등학교에 대해 궁금한 것들을 적어보자.

5) 우리 유치원을 졸업하고 초등학교에 다니는 선배를 소개하고 질문한다.
- 이 언니/오빠가 누구일까?
- 우리 유치원에서 무슨 반이었을까?
- 지금은 어느 초등학교에 다니고 있을까?
- 초등학교에 대해서 궁금한 점을 선배에게 질문해 보고 싶은 친구 있니?

6) 활동 후 느낀 점을 이야기 나눈다.
- 형님들과 인터뷰를 해보니 어떤 기분이 드니?
- 인터뷰를 통해 궁금했던 것이 해결되었니?
- 초등학교에 대해서 새롭게 알게 된 점은 무엇이니?
- 더 궁금하거나 알고 싶은 것이 있다면 무엇이니?

다. 활동의 유의점

1) 활동 시간에 선배가 참여할 수 없을 때에는 선배의 답변을 동영상으로 촬영하여 함께 볼 수 있다.

2) 유아들이 질문하기 어려워하거나 부끄러워할 경우 궁금했던 내용을 교사가 질문하고 대답을 듣는 형식으로 진행할 수 있다.

라. 활동 평가

1) 초등학교 생활에 관심을 갖는지 평가한다.
2) 평소 초등학교에 대해서 궁금했던 내용을 알게 되었는지 평가한다.

마. 확장 활동

1) 언어영역에서 초등학교에 대해서 궁금한 점을 질문목록표로 만들어 본다.
2) 선배들을 초청하여 인터뷰가 가능한 경우 소그룹으로 자유롭게 묻고 대답하는 인터뷰를 진행할 수 있다.

3. 유·초 연계를 위한 부모교육

취학 전 자녀를 둔 부모들은 초등학교 입학을 앞두고 자녀가 학교에서 잘 적응할 수 있을지, 학교 수업은 잘 따라갈지, 친구와 관계는 잘 형성할지 등에 대해서 걱정하고 어떻게 취학준비를 도와주어야 하는지에 대해서 많은 고민을 한다(곽노의 외 2012). 부모들이 초등학교 교육과정에 대한 오해 없이 적절한 수준으로 유아의 학습을 지원하고 준비할 수 있도록 부모를 위한 유 · 초 연계 교육이 필요하다. 유아가 초등학교 입학 후 경험하게 될 새로운 특성들에 대해 미리 예측하고 준비하도록 지원해야 한다. 부모를 지원하는 과정에서 교사는 부모와 협력적으로 유아를 위한 유 · 초 연계 교육을 실시한다.

부모들은 유치원 교사와 마찬가지로 초등학교 생활적응, 기초 학습, 기본 생활 습관, 또래관계 등에 대해서 유아를 지원해야 한다. 부모들이 입학할 자녀의 학교생활적응을 돕기 위한 방안을 소개하면 첫째, 유아교육기관을 졸업한 유아의 부모, 재학중인 유아의 부모들과 소통의 자리를 마련하여 경험담을 나누고, 초등학교 1학년 교사를 초청하여 구체적인 초등학교 입학준비에 대한 정보를 제공할 수 있다. 둘째, 초등학교 1학년 학생의 학교생활 경험을 들어보고 취학 아동에게 필요한 기초역량을 점검할 수 있다. 셋째, 부모가 입학할 자녀의 기초 학습을 돕기 위해 초등학교 1학년 교과서를 살펴서 초등학교 교육과정을 이해하고 취학 전 유아의 학교준비도를 지원할 수 있다. 부모는 기본 생활 습관과 또래관계를 돕기 위해 친사회적 행동을 격려하고 새로운 도전에 대한 긍정적인 사고를 통해 자신감과 성취감을 갖도록 지원해주는 것이 바람직하다.

유아교육기관에서는 가정통신문이나 다양한 매체를 통해서 유 · 초 연계 학부모교육을 지속적으로 안내하고 학부모 간담회 및 토론을 자유로운 분위기 속에서 나눌 수 있는 편안한 환경을 조성하여 학부모들이 관심을 가지고 참여할 수 있도록 적절한 시간과 교육내용, 방법 등을 사전에 공지하여 참여율을 높일 수 있다. 교사는 부모와의 협력을 통해 유아의 발달상황과 요구를 파악하며 가정에서 부모가 취학

전 자녀의 초등학교 적응을 지원할 수 있도록 안내해 주어야 한다. 유 · 초 연계 학부모 교육 운영 시 유의할 사항은 운영시기, 방법, 교육내용 등 학부모 의견을 반영한 연간 계획 수립과 지속적인 실천을 위한 관심이 무엇보다 중요하다. 유아를 둘러싼 인적자원, 환경자원, 기관자원을 지역 특성에 맞도록 활용하여 유 · 초 연계교육의 중요성을 알리고 활성화 방안을 강구하여 다양한 부모교육 활동을 통해 성공적인 학교생활을 도울 수 있다. 부모를 위한 유 · 초 연계 연간교육계획안(〈표 25〉)의 내용은 다음과 같다.

〈표 25〉 유 · 초 연계를 위한 부모교육 연간교육계획안

시기	활동명	내용	활동유형
1학기	초등학교 1학년 학부모 경험 나누기	• 초등학교 1학년 학부모 경험듣기 • 초등학교 입학을 앞둔 학부모의 마음 나누기 • 유아교육기관에서 초등학교로의 전이경험 경청하기 • 초등학교 1학년 학생 경험 듣기	간담회 및 토론
	초등학교 1학년 교육과정 이해하기	• 초등학교 1학년 교과서를 부모에게 미리 제공하여 초등학교 교육과정 이해하기	강의 및 워크숍 (1학년 교과서)
2학기	자녀의 기초 역량 파악하기	• 취학아동에게 필요한 기초적인 역량을 부모에게 알려주어 점검하기	워크숍 (체크리스트)
	초등학교 준비 부모 오리엔테이션	• 초등학교 1학년 교사를 초청하여 입학 전 준비, 준비물 등에 대해서 알기	강의
	초등학교에서의 학부모 참여활동 소개하기	• 초등학교 학부모로서 학교에 참여할 수 있는 사항 알기 - 학교운영위원회 - 학부모회 - 학부모서비스 - 학교 민원	강의

활동 1

초등학교 1학년 학부모 경험 나누기

□ 활동목표
- ○ 초등학교 1학년이 되는 자녀에 대한 걱정이나 불안감을 해소한다.

□ 참석대상
- ○ 초등학교 1학년 학부모
- ○ 만 5세 학부모

□ 활동유형
- ○ 간담회

□ 활동내용
- ○ 초등학교 1학년 학부모를 초대하여 만 5세 학부모를 대상으로 1학년 학부모의 경험을 듣고, 입학을 앞둔 학부모들의 마음을 이야기 나눈다.
- ○ 초등학교에 진학한 졸업생을 녹화한 동영상 자료를 통해 초등학교 1학년 학생의 경험을 시청한다.
- ○ 학부모들이 갖는 초등학교 입학에 대한 염려, 불안감, 궁금한 점 및 입학 준비 등에 대해서 질의 응답하는 시간을 가진다.

□ 기대효과
- ○ 초등학교 입학 정보를 알 수 있다.
- ○ 초등학교 생활에 대한 염려를 공유하여 문제를 해결할 수 있다.
- ○ 초등학교 1학년 학생의 경험을 통해 초등학교 생활에 대한 행복한 기대감을 갖게 할 수 있다.

□ 유의점
- ○ 간담회가 어려울 경우, 각 가정에 '초등학교 1학년 학부모 경험' 내용을 가정 통신문으로 보낼 수 있다.

초등학교 1학년 학부모들의 경험이야기

● 저도 염려했어요.

- 초등학교 생활을 잘 적응할 수 있을까?
- 친구들은 잘 사귈 수 있을까?
- 알림장은 잘 쓸 수 있을까?
- 좋은 선생님을 만나면 좋을 텐데...
- 받아쓰기 점수는 잘 받을 수 있을까?
- 수업시간 40분 동안 잘 앉아 있을까?

● 저도 궁금했어요.

- 초등학교 1학년 교육과정은 어떨까?
- 1학년 하루 일과는 어떻게 운영될까?
- 초등학교 1학년 입학을 위해 부모가 할 수 있는 일은 무엇일까?
- 자녀를 위해 학부모 교육활동 봉사는 꼭 해야 할까?
- 입학식 준비는 어떻게 할까?
- 학습 방법 지도는 어떻게 할까?
- 영어교육은 언제 해야 할까?
- 학교 시험을 대비해서 무엇을 해야 할까?

● 초등학교 준비! 이렇게 했어요.

- 학교생활 체험해 보기
  (초등학교에 미리 가보기, 홈페이지 들어가보기, 학교주변 살펴보기)
- 입학식 준비 함께 하기(학용품, 복장, 학습 준비, 심리적 · 신체적 준비 등)
- 규칙적으로 책 읽는 시간을 정해서 독서습관 기르기
- 규칙적인 습관(건강 습관, 질서 습관, 생활 습관, 학습 습관) 기르기

- **예비 1학년 학부모에게 말하고 싶어요.**
  - 입학할 초등학교의 특색활동(예 : 줄넘기, 젓가락 사용하기, 기초체력 증진 등)을 사전에 훈련하면 친구사귀기, 학교생활의 자신감 얻기 등에 도움이 됩니다.
  - 학교마다 교과서 지참하는 방법이 다르겠지만 집에서 볼 수 있는 교과서를 별도로 구입해 두는 것이 학습 습관(교과서 읽기 및 예습 · 복습)을 길러주기 위해 필요합니다.
  - 적극적인 학부모 학교 참여활동이 성공적인 학교생활 적응에 도움이 됩니다.

○ 기관의 특성을 반영하여 수요자 중심의 운영 시간, 운영 형태를 고려하여 실시한다.

활동 2

초등학교 1학년 교육과정 이해하기

□ 활동목표

○ 초등학교 1학년 교육과정 운영 및 내용에 대해서 안다.

□ 참석대상

○ 만 5세 학부모

□ 활동방법

○ 강의 및 워크숍

□ 활동내용

○ 1학년 수업일수, 수업시간, 교과 활동에 대해서 설명한다.

- 1일 수업시간: 연간 830~840시간 기준으로 매일(월~금) 4~5교시
- 1학년 수업일수 : 연간 190일 이상 (※학교에 따라 차이가 있을 수 있음)
- 1년간의 학교교육 내용

○ 하루일과를 알려준다.

○ 초등학교 1학년 교과서를 소개하고, 교과별 학습 내용에 대해서 소개한다.

- 초등학교 1학년 교과서: 국어, 수학, 8개의 주제별 교과서, 창의적 체험활동
- e-교과서 : 교과서 내용을 e-book 형태로 볼 수 있음
  (http://book.edunet.net, 문의 : 에듀콜센터 ☏1544-0079)

○ 유아교육기관의 생활주제와 초등학교 통합교과의 주제, 교과서 내용을 소개한다.

□ 기대효과

○ 초등학교 교육과정에 대한 이해를 도울 수 있다.

○ 초등학교 학습에 대한 불안감을 해소할 수 있다.

활동 3 자녀의 기초 역량 파악하기

□ 활동목표

○ 취학 전 자녀가 갖추어야 할 기초 역량을 안다.

□ 참석대상

○ 만 5세 학부모

□ 활동방법

○ 워크숍

□ 활동내용

○ 취학 전 자녀에게 필요한 역량이 무엇인지에 대해 이야기 나눈다.

○ 취학아동이 알아야 하는 기초역량 내용을 소개한다(경기도교육청, 2015).

- 학교는 재미있고, 즐거운 곳이라는 것 알기

- 자기 이름을 바르게 말하고 쓰기
- 주소, 전화번호, 가족 이름 외우기
- 부모님의 성함 알기
- 학교이름 알기
- 외출하면 꼭 연락하는 습관 갖기
- 바른 생활 습관을 갖기
- 친구들과 많이 어울리기
- 독립심, 양보심을 갖기
- 유아석 발두를 사용하지 않기
- 학교에 스스로 가기
- 큰소리로 대답하기
- 스스로 책 읽는 습관 갖기
- 과제를 스스로 하기
- 음식 골고루 먹기
- 용변을 집에서 보는 습관 갖기

○ 취학 아동에게 필요한 기초적인 역량을 자녀가 갖추고 있는지 체크리스트를 작성한다.

○ 자녀에게 아직 미흡한 역량을 확인하고 이를 지도하는 방법에 대해 이야기 나눈다.

〈취학아동 준비 체크리스트〉

구분	내용	그렇다	아니다
또래 관계	친구와 협동하여 놀이할 줄 안다		
	다른 사람을 배려하여 행동하고 양보할 수 있다		
	자기와 친한 친구에 대하여 알고 있다.		
	규칙과 질서를 지킨다.		

구분	내용	그렇다	아니다
기본 생활 습관	스스로 식사를 할 수 있다.		
	음식을 골고루 먹는다.		
	배변을 조절하여 쉬는 시간에 화장실에 갈 수 있다.		
	몸을 깨끗하게 할 수 있다.		
	자신의 학용품을 챙기고 정리 · 정돈한다.		
	안전하게 놀이한다.		
	인사를 잘 한다.		
	바른 인사말을 사용한다. ("학교에 다녀오겠습니다, 학교에 다녀왔습니다, 선생님, 안녕하십니까?, ○○○ 안녕, 안녕히 주무세요.")		
학교 생활 적응	자기 혼자 등하교 할 수 있다.		
	자기가 다닐 학교 이름을 알고 있다.		
	자기는 몇 학년인지 알고 있다.		
	바른 자세로 일정시간 의자에 앉아 있을 수 있다.		
	정해진 시간 내에 활동을 마칠 수 있다.		
	주소, 전화번호, 부모님 성함을 안다.		
기초 학습	걷기, 뛰기 등 기본운동능력을 갖춘다.		
	가위질, 풀칠, 간단한 종이접기 등 기본적 조작능력을 갖춘다.		
	자신의 생각과 의견을 자신 있게 말한다.		
	친구의 말이나 교사의 말을 집중해서 듣는다.		
	연필을 바르게 쥔다.		
	글씨를 획순에 맞게 쓴다.		
	자신의 이름을 쓸 줄 안다.		
	간단한 낱말과 짧은 문장을 듣고 쓸 수 있다.		
	글을 읽고 무슨 뜻인지 이해할 수 있다.		
	한자리수의 덧셈과 뺄셈을 할 수 있다.		
	새로운 것에 관심과 호기심을 가지고 알고자 한다.		

□ 기대효과

○ 취학 아동에게 필요한 기초적인 역량을 갖추고 있는지 확인할 수 있다.

○ 초등학교 입학 준비를 체계적으로 할 수 있다.

□ 유의점

○ 취학 전 기초적인 역량을 갖추기 위해 가정과의 연계활동을 소개할 수 있다.

□ 기타자료

〈입학 전 익혀 둘 생활습관〉

□ 위생습관 및 건강관리

- 길거리의 불량식품이나 군것질을 삼가고 여러 가지 음식을 골고루 잘 씹어 먹게 합시다.
- 식사 후에 이 닦기, 귀가 후에 손 · 발 씻기, 용변 후에 손 씻기, 목욕하기 등을 반드시 지키게 합시다.
- 일찍 자고 일찍 일어나며, 세수는 자기가 하도록 지도합시다.
- 학교에 가기 전에 집에서 용변을 보고 가도록 지도합시다.
- 사용한 휴지는 반드시 쓰레기통에 버리게 합시다.
- 화장실 사용법을 잘 알고 지키게 합시다(노크, 용변 방법, 휴지 사용법, 문 닫기 등).

□ 입학 전 건강 상태에 이상 유무 확인

- 입학 전 건강상의 이상 유무를 미리 검사하여 학교생활에 지장이 없도록 합시다.
- 평생의 구강건강은 초등학교 시기에 좌우되므로 식사 후, 잠자기 직전 바른 칫솔질 습관을 길러 줍시다.
- 청력, 시력 등 이상 유무를 확인하여 치료합시다.

□ **일상생활 습관 바르게 갖기**

- 어른이 부르면 "네"하고 분명하게 대답합니다.
- 자기 물건은 자기가 관리하고 잃은 물건을 찾아 봅시다(물건에 이름쓰기).
- 간단한 심부름을 할 수 있습니다(심부름 내용 분명히 알기).
- 바른 자세로 의자에 앉을 수 있습니다.
- 동무들과 짝을 지어 사이좋게 놀 줄 압니다.
- 어린이 자신의 문제는 어린이 스스로 해결하도록 지도합시다.

□ **철저한 안전교육으로 미연에 사고 방지**

- 길을 건널 때는 반드시 육교, 횡단보도, 지하도를 이용하도록 합시다.
- 입학 후에 얼마간 등 · 하교 길을 부모와 같이 익힌 후에 혼자 다닐 수 있도록 합시다.
- 등하교 길에 중도에서 놀다가 학교시간에 늦지 않도록 합시다.
- 미아 예방책으로 집주소, 전화번호, 부모님 성함을 익히도록 합시다. (낯선 사람을 따라가지 않도록 합시다).

출처: 한신초등학교 2016 초등학교 예비 학부모를 위한 새내기 학부모 교실

활동 4

초등학교 준비 부모오리엔테이션

□ 활동목표

○ 초등학교 신입생 오리엔테이션, 입학 전 준비, 준비물 등에 대해서 안다.

□ 참석대상

○ 이웃 유아교육기관을 포함한 만 5세 학부모

□ 활동방법

○ 1학년 교사 초청강의

□ 활동내용

○ 유아교육기관에 인접한 초등학교 1학년 교사를 초청하여 신입생 오리엔테이션을 시행한다.

○ 각 초등학교별로 동사무소에서 안내가 될 예정으로 학생과 함께 학교를 방문하여 입학식과 관련된 여러 가지 서류를 받는다.

신입생 예비소집일에 학교로부터 받는 서류	입학 후에 학교에 내야 할 서류
□ 아동기초 조사표 □ 개인정보 수집 동의서 □ 돌봄교실 참가 희망서 □ 입학식 참가 관련 안내문	□ 예비소집일에 받은 아동기초 조사표 □ 예비소집일에 받은 개인정보 수집 동의서 □ 예비소집일에 받은 돌봄교실 참가 희망서 □ 통장 사본

○ 입학식 전 준비 사항에 대해서 소개한다.

가. 매일 등교시간은 9시까지이며, 수업을 마친 후 급식을 하고 하교를 합니다. 아침에 늦잠 자는 습관을 줄이고, 아침밥을 먹고 등교할 수 있도록 미리 훈련을 해야 합니다.

나. 맞벌이 가정의 경우에 방과 후에 학생을 학교 돌봄교실로 보낼지, 학원으로 보낼지, 학생을 누가 데리러 올지 미리 계획을 세워 두세요. 급식을 끝내고 교실을 나가는 시간은 대략 12시 50분입니다.

다. 학교에서 사용할 출금통장을 준비하세요. 우유값, 특기적성 금액, 현장체험학습비, 돌봄교실 비용이 그 통장에서 인출됩니다(수익자부담금 안내장이 발송됩니다).

라. 가볍고 아이가 좋아하는 책가방(바퀴달린 책가방은 가급적 피하는 것이 좋음), 흰색 실내화, 신발주머니, 고장이 잘 나지 않는, 학생이 쉽게 접고 펴는 자동우산을 미리 준비해 둡니다.

마. 저녁 9시경에는 잠이 들어서 아침 7시에 일어나 준비를 하고 아침을 먹고 등교하는 습관을 미리미리 익혀야 합니다. 3월 학기초엔 학교생활이 낯설고 적응하기 힘들어 추운 날씨 및 규칙적인 아침식사가 되지 않아 감기에 걸리거나 배탈이 나서 힘들어하는 학생들이 매우 많습니다. 무엇보다 즐거운 학교 생활이 되기 위해서는 건강이 뒷받침 되어야 하겠지요. 아침을 꼭 먹이시고(밥이 아니더라도), 종합 비타민 등도 잘 챙기셔서 학생들이 즐겁게 학교에 잘 적응할 수 있도록 도와주세요.

바. 숟가락, 젓가락 사용을 미리 연습시켜 주세요. 학교는 숟가락, 젓가락을 사용합니다. 서툴지만 집에서도 조금씩 연습을 해서 사용할 수 있도록 해주세요.

○ 학교에 필요한 준비물에 대해서 안내해 준다.

<table>
<tr><td colspan="2">일반적인 준비물은 대부분 학교에서 준비를 하여 지급합니다. 그러나 학생 개인에게 필요한 공책, 연필 등은 각자 준비를 해야겠지요. 필통 속의 물건이나 공책에 이름을 꼭 써서 준비해야 합니다. 담임선생님마다 약간은 다를 수 있지만, 우리 학급에서 기본적으로 준비해야 하는 준비물은 다음과 같습니다.</td></tr>
<tr><td>필통</td><td>□ 연필 3자루(깍은 것) : 진한 심 연필, 2B연필이 좋습니다.
□ 지우개 : 물렁물렁하고 잘 지워지는 것이 좋습니다.
□ 짧은 자 : 선을 그을 때 필요합니다.
□ 필통 : 쇠로된 무거운 것이나, 게임이 달려있는 것보다 플라스틱이나 헝겊으로 된 것이 좋습니다. 쇠로된 경우, 떨어뜨리면 깜짝 놀라는 시끄러운 소리가 나고, 게임이 달려있는 경우, 집중력을 떨어뜨리게 됩니다.</td></tr>
</table>

공책	□ 알림장 : 학교에서 내일 학습에 필요하거나 생활에 필요한 내용을 안내하는 공책입니다. 담임선생님이 쪽지를 붙여주시기도 하고 학생이 직접 쓰기도 합니다. 부모님께서 매일 확인을 해주시고 점검을 해주셔야 합니다. 1년에 3권 정도 필요합니다. □ 10칸 공책 : 받아쓰기를 하거나 글씨를 연습할 때 많이 필요하니 10권 정도 준비하면 좋습니다. □ 받아쓰기 공책 : 5권 정도 준비해 두면 좋습니다.
책가방, 실내화 가방	학생이 좋아하는 디자인으로 같이 가서 착용을 해보고 구입을 하는 것이 좋습니다. 바퀴가 달리거나 지나치게 비싼 것을 구입하지 않고 가볍고 튼튼한 것을 구입합니다. 책가방 안쪽에 이름을 적습니다(밖으로 보이게 적지 않기-어린이 범죄 예방).
사물함 속	학교에서도 구입을 하여 비치하고 있지만, 개인용으로 학교와 가정에 필요한 학용품들입니다. □ 색연필 : 12~16색의 돌려서 쓰는 색연필이 좋습니다. □ 사인펜 : 12색 정도가 좋습니다. □ 딱풀, 크지 않은 가위, 물티슈, 휴지, 양치질 도구

ㅇ 3월의 학교생활에 대해 소개한다.

- 3월에는 통합교과 '학교' 책을 가지고 매일 4교시까지 공부를 한다.
- 학기 초 제출해야 할 서류가 많을 수 있으므로 알림장을 매일 확인하는 것이 필요하다.

□ 기대효과

ㅇ 초등학교 입학을 앞두고 실제적인 준비에 도움을 줄 수 있다.

ㅇ 초등학교 선생님의 실제적인 입학 준비 안내를 받을 수 있다.

ㅇ 초등학교에 대한 정확한 정보를 안내 받을 수 있다.

ㅇ 학교생활에 대한 이해를 도울 수 있다.

□ 유의점

○ 학부모의 적극적인 참여를 위해 기관 특성에 맞는 운영시간을 고려해야 한다.

○ 1학년 초청 교사의 학교 일정을 사전에 참고하여 교육활동 시간이 중복되지 않도록 고려해야 한다.

□ 첨부 자료

○ 유 · 초 연계 초청 강의 안내문 1부

활동 5

초등학교에서의 학부모 참여활동 소개하기

□ 활동목표

○ 초등학교에서 이루어지는 학부모 참여에 대해 안다.

□ 활동방법

○ 강의

□ 활동내용

○ 학교운영위원회에 대해서 소개한다.

단위학교 차원의 민주적 교육자치기구로 다양한 교육을 위한 제도적 장치로 학교 모든 구성원이 함께하는 학교 공동체이며 의무적으로 설치하는 법적 기구로 학교운영위원회는 - 학부모위원, 교원위원, 지역위원으로 이루어진다. 학교운영위원회 임기는 4월 1일 ~ 익년 3월 31일까지 1년간이며, 학교운영위원회의 임무는 학교의 예 · 결산 및 학교운영에 관한 사항을 심의한다.

○ 학부모회에 대해 소개한다.

학부모들이 교육공동체의 일원으로 학교 운영에 참여하여 학교 교육활동을 지원하는 조례에 근거한 법정 기구이다. 학부모회의 구성원은 해당 학교에 재학하는 모든 학생의 부모이며, 조직은 총회, 대의원회, 학년별 · 학급별 학부모회, 기능별 학부모회로 이루어진다. 임원에는 회장, 부회장, 감사 등(임원의 정수는 해당 학교 학부모회 규정으로 정함)이며, 주요활동은 다음과 같다.

- 학교 운영에 대한 의견 제시 및 학교교육 모니터링
- 학부모 자원봉사 등 학교교육 활동 참여 지원
- 자녀교육 역량강화를 위한 학부모 교육
- 학교의 사업으로서 해당 학교 학부모회 규정으로 정하는 사업

● 관련 사이트는 어떤 것이 있나요?

- 경기학부모지원센터(http://hakbumo.goe.go.kr/)

○ 학부모서비스에 대해 안내해 준다.

학부모서비스는 학교알리미사이트 http://www.schoolinfo.go.kr/를 이용하는 것으로 자녀의 학교생활을 인터넷으로 한 눈에 열람할 수 있고 선생님과의 상담, 가정통신 등 자녀의 담임선생님과도 상호 의견을 교환할 수 있는 쌍방향 서비스이다. 학부모서비스로 알 수 있는 정보는 다음과 같다.

- 자녀의 학업성취수준
- 출결상황
- 학교생활기록부 등

학부모서비스 사용을 위해서는 다음과 같은 신청을 해야 한다.

- 공인인증서 준비
- 사이트(www.neis.go.kr)에 접속
- 공인인증서로 로그인
- 학생, 학부모 정보 입력 신청
- 담당교사 승인
- 자녀 정보 열람

○ 학교 민원 시 처리과정에 대해 소개해 준다.

학교와의 갈등 해소를 위한 방법은 다음과 같다.

- 갈등이 커지기 전에 작은 불편부터 해결한다.
- 갈등이 있는 당사자와의 상호이해와 갈등해소 노력이 최우선이다.
- 학교 관계자에 갈등 내용을 알리고 함께 해결한다.
- 학교운영위원회나 학부모회 등 학교 기구를 통해 갈등의 조정과 해결을 요청한다.

학교민원 시 담당하는 위원회는 학교교육분쟁조정위원회가 있다. 주요업무는 다음과 같다.

- 학생생활지도 등 교육활동과 관련하여 교원과 학부모 간에 발생한 분쟁
- 학생안전사고와 관련하여 학부모와 교원 간 발생한 분쟁
- 기타 교원 예우 및 교권보호 · 존중에 대한 위해의 우려가 있을 시

학교교육분쟁조정위원회의 절차는 다음과 같다.

- 당사자 간 조정 · 노력
- 분쟁 발생
- 분쟁 조정 요청(서면, 구두)
- 위원회 개최(사실 확인 조정)
- 결과 처리

* 출처: 경기도교육청(2015). 유치원과 초등학교를 위한 통통교육정보. 경기: 경기도교육청. 한신초등학교(2016). 초등학교 예비 학부모를 위한 새내기 학부모 교실

참고문헌

경기도교육청(2015). 유치원과 초등학교를 위한 통통교육 정보. 경기: 경기도 교육청.

고정곤, 최태식(2008). 유 · 초등연계교육의 이론과 실제. 파주시: 양서원.

교육과학기술부(2009). 고시 초등학교 교육과정 해설. 서울: 교육과학기술부.

교육과학기술부(2012). 고시 제2012-13호 유치원 교육과정. 서울: 교육과학기술부.

교육부(2015a). 고시 제2015-80호 초등학교 교육과정. 세종시: 교육부.

교육부(2015b). 고시 제2015-74호 초 · 중등학교 교육과정 총론. 세종시: 교육부.

곽노의, 김창복, 이경순(2012). 유치원과 초등학교 연계교육론. 서울: 창지사.

김정효, 박효정(2005). 초등학교 1학년 아동의 학교 스트레스에 대한 담임교사의 인식. 교과교육학연구, 9(2), 233-259.

김창복(2013). 유아교육기관과 초등학교의 연계교육. 서울: 창지사.

김창복, 김민진(2006). 유 · 초등 연계교육을 위한 1학년 교실공간 구성에 대한 교사 인식 및 실태. 열린유아교육연구, 11(1), 123-145.

김혜원(2005). 초등학교 1학년 교사의 유아와 유아교육에 대한 인식. 중앙대학교 대학원 석사학위논문.

나정, 장명림(1997). 유아교육과 초등교육의 연계방안 연구. 서울: 한국교육개발원.

노정아(2004). 초등학교 입학 후 발생한 두통의 유병률과 역학적 특성, 조선대학교 대학원 석사학위논문.

박은혜(2006). 어린이의 삶의 관점에서 본 유아교육 보육과 초등교육의 연계. 한국유아교육학회 2006 정기총회 및 정기학술대회, 113-130.

신은수, 박은혜, 조운주, 이경민, 유영의, 이진화, 이병호(2010). 유치원 교원의 생애주기별 역량강화 및 활용. 부산: 부산광역시교육청 · 전북: 전라북도교육청 · 서울: 육아정책연구소.

이경순(2011). 유아교육과 초등교육의 연계. 경인교육대학교 경기캠퍼스 교육연수원.

이노을(2006). 취학전 경험에 따른 초등학교 1학년 아동이 스트레스 및 학교적응. 한남대학교 대학원 석사학위논문.

이미숙(2015). 2015 초등 통합교가 교육과정 개정안의 방향과 주요변화사항. 한국육아지원학회 하계연구모임.

인천시교육청(2014). 신나는 우리학교. 인천: 인천시 교육청.

조운주, 김은영(2009). 유치원과 초등학교 교육의 차이와 연계에 대한 교사와 부모의 이해 탐색. 유아교육 · 보육행정연구, 13(4), 51-74.

지성애(2010a) 유치원-초등학교 연계교육에 대한 유치원과 초등학교 교사의 인식 및 실태 비교. 유아교육연구, 30(2), 283-309

지성애(2010b) 학부모의 유치원-초등학교 연계교육에 대한 인식과 현황. 유아교육학논집, 14(2), 217-248.

장명림 외 (2014) 유아교육과 초등교육 연계 강화 방안 연구. 서울: 한국교육개발원.

최일선(2014). 유치원 교육과정과 초등학교 1학년 교육과정의 연계성에 대한 내용분석: 사회교육내용을 중심으로. 교육논총, 34(3), 295-318.

한국유아교육학회 편(1996). 유아교육사전(용어편). 한국사전연구사.

한신초등학교(2016). 초등학교 예비 학부모를 위한 새내기 학부모교실.

〈부록〉 누리과정 교사용 지도서 '가족', '우리나라' 활동과 초등학교 교과서[1] 내용 연계 활동(반복, 심화 · 확대, 역행)의 예

(1) 반복(내용 범위 또는 수준이 변화하지 않고 동일수준에서의 반복) 활동의 예				
생활주제	구분	누리과정 교사용지도서	초등학교 교과서	유 · 초 연계교육 시 유의점
우리나라	활동명	평절과 큰절을 해요 (이야기나누기)	우리의 인사(바른생활)	
	학습목표	• 절을 하는 이유를 생각해 본다. • 한복을 입고 바르게 절을 한다. • 한복을 입고 예절 바르게 행동한다.	• 우리의 전통 인사법을 익혀 바르게 인사한다.	• 절의 종류와 방법을 강조하기보다는 오늘날 인사법과 예전 인사법의 차이점에 초점을 두고 지도한다.
	활동자료	• 평절과 큰절에 관한 동영상, 한복	• 전통사진이나 그림, 절하는 방법이 나타난 동영상, 방석 • 한복	
	활동내용	• 절하는 사진을 보면서 절을 하는 이유에 대해 생각하기 • 절의 종류와 절하는 방법 이야기 - 평절과 큰절 • 절하는 법 동영상 감상 • 한복 입고 절해 보기 • 느낌 이야기하기	• 인사를 하는 경우 알아보기 - 인사를 하는 대상과 시기 알아보기 • 전통인사법에 대해 알아보기 - 전통 인사법과 오늘날의 일반적인 인사법의 차이점 알아보기 - 공수법 알아보기 - 절의 종류와 절을 하는 방법 알아보기(큰절, 평절, 반절) • 전통 인사법 연습하기 • 자신의 반성과 앞으로의 다짐 말하기	

1) 2015개정 교육과정에 기초한 교과서가 미출간 되어 2009개정 초등학교 교과서를 중심으로 비교분석하였음

(2) 심화 · 확대(내용수준이 깊어지거나 범위 확장) 활동의 예				
생활주제	구분	누리과정 교사용지도서	초등학교 교과서	유 · 초 연계교육 시 유의점
가족	활동명(활동 방법)	나도 집안일을 도울 수 있어요(신체활동)	집안일(조사하기)	
	학습목표	• 가족 구성원의 역할은 상황에 따라 변화될 수 있음을 안다. • 가족을 위해 도울 수 있는 일을 알고 실천한다.	• 가족이 함께하는 집안일을 안다.	유아교육기관은 실제 역할을 해봄 초등학교에서는 집안일의 다양한 종류와 집안일을 하는 사람을 알아보는 내용이 추가
	활동자료	• 활동 목걸이 삽화(꽃에 물주기, 신발정리, 빨래 개기, 책정리, 장난감 정리, 청소하기) • 집안일을 도와드리는 사진 • 다양한 도구들(청소도구, 쓰레기, 휴지통, 물, 주전자, 컵, 쟁반, 유아용 상의, 신발, 수저, 밥상, 책, 책꽂이 등)	• 여러 가지 집안일과 관련된 사진이나 그림 • 우리 집의 집안일 조사 자료	
	활동내용	• 집안일을 도와준 경험을 이야기 - 어떤 일을 도와드렸니? • 그림 보면서 어떻게 집안일을 도울 수 있는지 알아보기 - 식물 물주기, 신발정리, 놀잇감 정리, 옷정리, 청소하기 - 여러 집안 일 중 어떤 일을 도와 드리고 싶니? • 활동 방법에 대해 알아보고 활동을 한다. - 식물에게 물주기: 교실에 있는 식물 - 신발정리: 친구들의 신발 정리 - 책정리: 교실 책보기 영역 정리 - 놀잇감 정리 - 옷정리: 친구들의 옷을 옷걸이에 정리 - 청소하기: 빗자루, 쓰레받기 이용하여 교실 청소 • 활동한 후 깨끗이 정리하기	• 집안일과 관련된 경험 말하기 • 집안일 종류 살펴보기 - 아기보기, 장보기, 물주기, 요리, 청소, 빨래, 설거지, 분리수거 • 내가 도울 수 있는 일 살펴보기 - 빨래 널기, 식탁정리 • 우리 집에서 하는 집안일 써보기 - 누가 하는지 알아보고 붙임딱지 붙이기 • 집안일을 하지 않았을 때 생길 일에 대해 생각해 보기 • 부모님께 감사편지 쓰기 • 집안일의 종류 정리하기 및 집안일을 하는 마음의 자세 이야기하기 - 서로 도와 집안일 하기, 내가 맡은 집안일 열심히 하기	

(3) 역행(내용범위의 축소 및 수준이 낮아짐) 활동의 예				
생활 주제	구분	누리과정 교사용지도서	초등학교 교과서	유 · 초 연계교육 시 유의점
우 리 나 라	활동명	여러 가지 우리 옷 (이야기나누기)	우리의 옷 (탐구활동, 미술활동)	
	학습 목표	• 다양한 우리 옷에 관심을 가진다. • 우리 옷의 종류와 입는 때를 안다. • 우리 옷의 아름다움을 느끼고 자부심을 갖는다.	• 한복의 특징을 살펴보고 옷 입히기 놀이를 한다.	
	활동 자료	• 여러 가지 우리 옷 사진 PPT - 배냇저고리 - 남자아이 돌복-까치두루마기, 풍차바지, 전복, 복건, 돌띠 - 여자아이 돌복-색동저고리와 치마, 조바위, 타래버선 - 혼례복-원삼, 족두리, 댕기 - 상복 • 여러 가지 우리 신발 PPT(목화, 태사혜, 징신, 녹피혜, 흑혜, 발막신, 당혜, 운혜, 수혜, 미투리, 짚신, 나막신, 고무신, 설피, 멱신)	• 한복 관련 사진이나 동영상 • 사인펜, 색연필, 한복 그림카드, 인형 그림	
	활동 내용	• 여러 가지 우리 옷 사진을 본 후 한복을 입어 본 경험 이야기 • 배냇저고리, 돌복(풍차바지, 전복, 복건, 조바위, 타래버선, 까치두루마기), 혼례복(원삼, 족두리, 댕기), 상복에 대해 이야기 - 이 옷은 누가 입니? - 이 옷은 언제 입었니? - 왜 풍차바지는 바지 가운데가 터져있을까? 터진 쪽이 앞으로 오게 입는 걸까 뒤로 가게 입는 걸까? - 조끼처럼 보이는 이 옷은 무엇일까? 왜 전복이라고 말할까? - 이 옷은 무엇일까? 왜 까치두루마기라고 할까? • 한복의 종류와 입는 때 생각하기	• 한복을 입어 본 경험 소개하기 • 한복의 종류와 명칭 알아보기 - 저고리, 치마, 바지, 조끼, 두루마기, 버선과 고무신 • 한복의 특징 살펴보기 - 한복의 좋은 점과 불편한 점 찾아보기 - 한복의 불편한 점 해결하는 방법 생각하기(단추, 지퍼 달기, 고무줄이나 허리띠 이용, 주머니 만들기) • 생활한복에 대해 알아보기 - 전통 한복과 생활 한복의 공통점과 차이점 살펴보기 • 한복 옷 입히기 놀이하기 - 모형 한복 색칠하기, 모형 한복 옷 입히기, 한복 입는 날 정하기	• 한복의 다양한 사진자료를 제시하되 이름을 알기보다는 한복의 아름다움을 느낄 수 있도록 상호작용할 필요성이 있음 • 다양한 신발 자료를 옷과 연결하기보다 감상자료로 제시하고 미술영역에서 오려 붙여서 꾸밀 수 있는 자료로 제시하면 좋겠음 • 유아교육기관 사진자료의 내용이 매우 많음

(3) 역행(내용범위의 축소 및 수준이 낮아짐) 활동의 예				
생활주제	구분	누리과정 교사용지도서	초등학교 교과서	유 · 초 연계교육 시 유의점
우리나라	활동내용		• 한복의 종류와 기능 정리하기 - 남녀노소별 한복의 종류를 정리 - 실내 및 실외용 한복을 정리	• 신발 PPT는 활동내용에 없고 확장활동에 있음 * 신발과 여러 가지 옷을 연결하기 매우 어려움 • 한복의 아름다움을 느낄 수 있는 질문보다는 한복의 종류와 입는 때에 관한 질문이 많음

저자소개

최일선 경인교육대학교 유아교육과 교수

조운주 한국교통대학교 유아교육과 교수

안애경 공립영천유치원 원장

유은지 둔전제일초등학교 병설유치원 교사

어린이교육의 기본 바로 알기 시리즈 7

유·초 연계교육 바로 알기

초판 1쇄 인쇄 2016년 8월 19일
초판 1쇄 발행 2016년 8월 25일

지 은 이 | 최일선 · 조운주 · 안애경 · 유은지
펴 낸 이 | 김기섭
책임편집 | 엄지연
펴 낸 곳 | 창지사 www.changjisa.com
08589 서울시 금천구 가산디지털1로 83(가산동 345-13) 파트너스타워1차 9층
전화 (02) 719-2211~3
팩스 (02) 701-9386
등 록 | 1977년 4월 28일 · 제1-421호

ISBN 978-89-426-0871-3 (93370)

값 8,000원

「이 도서의 국립중앙도서관 출판예정도서목록(CIP)은 서지정보유통지원시스템 홈페이지(http://seoji.nl.go.kr)와 국가자료공동목록시스템(http://www.nl.go.kr/kolisnet)에서 이용하실 수 있습니다.(CIP제어번호:CIP2016020188)」